我国高等教育管理路径选择与实践策略研究

刘爱萍　著

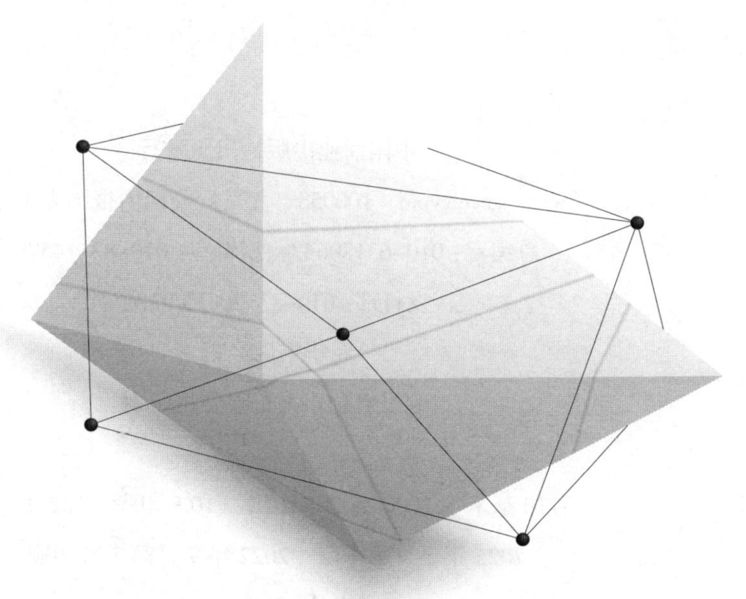

中国商业出版社

图书在版编目（CIP）数据

我国高等教育管理路径选择与实践策略研究 / 刘爱萍著 . -- 北京 : 中国商业出版社 , 2022.7

ISBN 978-7-5208-2121-6

Ⅰ . ①我… Ⅱ . ①刘… Ⅲ . ①高等教育 - 教育管理 - 研究 - 中国 Ⅳ . ① G649.2

中国版本图书馆 CIP 数据核字 (2022) 第 119785 号

责任编辑：王　静

中国商业出版社出版发行

（www.zgsycb.com　100053　北京广安门内报国寺 1 号）

总编室：010-63180647　编辑室：010-83114579

发行部：010-83120835/8286

新华书店经销

定州启航印刷有限公司印刷

*

710 毫米 ×1000 毫米　16 开　10.5 印张　182 千字

2022 年 7 月第 1 版　2022 年 7 月第 1 次印刷

定价：69.00 元

* * * *

（如有印装质量问题可更换）

前 言

国家高等教育改革的全面实施，为我国高等教育提供了良好的发展机遇，同时也在很大程度上促进了高校教育管理的不断完善和优化。在高等教育改革不断深化的过程中，以往的管理模式越来越难以适应当前教育体系发展和高等教育改革的需求。高等教育肩负着培养社会主义建设者和接班人的重任，应充分考虑客观社会现实对人才需要的多样性、各类高校的层次性和大学生个体的差异性。在学生教育管理过程中，学生既是受教育者、被管理者，又是教育者和管理者，高校应充分尊重和发挥学生的主体地位和作用，使学生积极参与到教育管理中来，在教育管理中培养学生的组织能力、管理能力、协调能力和创新能力。

高校肩负着培养高水平专业人才、发展科技文化和推进现代化建设的伟大使命。在新时代背景下，全球化进程速度加快，人才竞争愈加激烈，培养专业化、高质量人才成为各国教育发展的重要目标，中国高校的建设和管理也正朝着国际化、人性化的方向逐步发展。鉴于此，对我国高等教育管理的基本路径选择与实践策略进行系统化研究，就显得十分重要。

本书共五章，即高校素质教育管理、高校学生组织行为管理、高校学生管理、高校教育管理信息化、高校教育管理实践探析等，对高等教育管理工作的主要方面进行了较为系统的研究，以便为当前我国的高等教育管理理论与实践提供参考。

目 录

绪　论

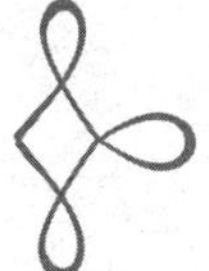

一、高校学生管理的内涵

研究高校学生管理，首先就要明确其内涵。而要全面、深入地把握高校学生管理的内涵，就要弄清高校学生管理的含义，了解高校学生管理的特点，明确高校学生管理的目标。

（一）高校学生管理的含义

管理，就其字面意义而言，就是管辖、处理的意思。管理的涉及面极其广泛，人们往往按照某种需要、从某个角度来看待和谈论管理，因此，对管理也就有多种不同的解释。即使是在管理学界，对管理也有多种不同的定义。有的从管理职能和过程的角度，认为管理是由计划、组织、指挥、协调和控制等职能为要素组成的过程；有的强调管理的协调作用，认为管理是在某个组织中，为完成目标而从事的对人与物质资源的协调活动；有的突出组织中的人际关系和人的行为，认为管理就是协调人际关系，激发人的积极性，以达到共同目标的一种活动；有的从决策在管理中的重要地位的角度出发，认为管理就是决策；有的从系统论的角度出发，认为管理就是根据一个系统所固有的客观规律，施加影响于这个系统，从而使这个系统呈现出一种新的状态的过程。这些不同的定义，从不同的角度揭示了管理活动的特性。

综合上述各种观点，我们可以对管理的概念做如下表述：管理是在一定的社会组织中，人们通过决策、计划、组织和控制，有效地利用人力、物力、财力、时间和信息等各种资源，以达到预定目标的一种社会活动过程。高校学生管理是高等学校管理的一个重要组成部分，也是高等学校人才培养工作的一个重要环节。因此，高校学生管理既具有管理的一般本质，又具有其自身的特殊本质。这主要表现在下述几点。

（1）高校学生管理是在高等学校这一特定的社会组织中进行的。任何管理活动都是在一定的社会组织中进行的。高等学校是系统培养专门人才的社会组织，高校学生的教育和培养是其首要的和基本的任务。高校学生管理也就是高等学校为实现这一任务而进行的特殊的管理活动。

（2）高校学生管理的目的是实现高等学校的人才培养目标，促进高校学生的全面发展。管理总是有一定目的的，管理的目的就是要实现一定社会组织的某种预定目标。高校学生管理作为高等学校人才培养工作的一个重要环节，其目的就是要实现高等学校在人才培养方面的预定目标，促进高校学生的全面发展，使之成为德、智、体全面发展，富有创新精神和实践能力的中国特色社会主义事业的建设者和接班人。

（3）高校学生管理的实质是要有效地利用学校的各种资源，为高校学生的成长成才提供指导和服务。高校学生管理的任务是要为高校学生顺利完成学业、健康成长成才提供各方面的指导和服务，包括对高校学生行为和高校学生群体的引导、为家庭经济困难学生提供的资助服务、为毕业生提供的就业服务等。为此，就需要通过科学的决策、计划、组织和控制，有效地利用学校的各种资源，包括人力、物力、财力、时间和信息等。

综上所述，所谓高校学生管理，是指高等学校为实现人才培养目标，促进高校学生全面发展，通过决策、计划、组织和控制，有效地利用各种资源为高校学生成长成才提供各种指导和服务的社会活动过程。

（二）高校学生管理的特点

高校学生管理作为高等学校为实现人才培养目标而为高校学生提供的指导与服务，有其自身显著的特点。

1.突出的教育功能

高校学生管理是高等学校人才培养工作的重要组成部分。因此，高校学生管理既具有管理的属性，又具有教育的属性，有着突出的教育功能。

（1）高校学生管理的目标服从和服务于高校学生教育的目标。高校学生是为了接受大学教育而跨进大学之门的，高校学生管理则是高等学校为实现高校学生教育目标，促进学生圆满完成大学学业而实施的特殊管理活动。因此，高校学生管理的目标必然服从和服务于高校学生教育的目标。一方面，高校学生教育目标是制定高校学生管理目标的基本依据。离开了教育目标，高校学生管理也就偏离了方向。另一方面，高校学生教育目标的实现有待于高校学生管理目标的实现。高校学生管理是实现高校学生教育目标的重要手段。只有通过有效的管理，建立和保持正常的教育教学和生活秩序，充分调动高校学生学习的积极性和主动性，为高校学生提供各种必要的指导和服务，才能保证高等学校教育教学活动的顺利进行和学生的健康成长。没有有效的高校学生管理，教育目标也就不可能实现。

（2）教育方法在高校学生管理方法体系中具有突出的作用。教育方法是包括高校学生管理在内的现代管理活动中最经常、最广泛使用的一种基本手段。这是因为一切管理活动都离不开人，而人是有思想的，人的活动总是由一定的思想意识支配的。高校学生管理作为高校学生教育和培养工作系统中的一个重要组成部分，也就必然要更加注重运用教育的手段，以增强高校学生管理的实效性。同时，教育方法也是高校学生管理中其他方法顺利实施并收到实效的基础。高校学生管理的法律方法、行政方法和经济方法的实施，一般都要伴之以思想道德教育，才能收到良好的效果。

（3）高校学生管理过程同时也是教育高校学生的过程。高等学校是教育和培养专门人才的场所，高等学校的一切工作都应当对学生起到良好的教育和影响作用。直接面向高校学生实施的高校学生管理工作，当然更是如此。事实上，在高校学生管理过程中包含着十分丰富的教育因素。高校学生管理过程中所贯彻的以人为本、民主法治、公正和谐的理念，所体现的从学校和学生的实际出发、遵循教育规律和管理规律的实事求是的科学精神，所采用的民主管理、依法管理、科学管理的方法等都会对学生起到潜移默化的影响。高校学生管理过程中所实行的依据高校学生成长成才的规律和要求制定的各项规章制度，都会对高校学生起到思想导向、动机激励和行为规范的作用。高校学生管理过程中管理人员的情感、态度和言行也会对高校学生起到表率和示范作用。可见，高校学生管理的过程同时也是教育学生的过程，并直接影响着高校学生思想品德的形成与发展。

2. 鲜明的价值导向

高校学生管理是为社会培养人才提供服务的，高校学生管理的目的、管理体制和管理形式总是受到社会的经济基础、政治制度和意识形态的制约。因此，高校学生管理必然具有鲜明的价值导向，它总是贯穿并体现着社会的主导价值体系并直接影响着高校学生价值观的形成、变化与发展。我国的高等学校是为中国特色社会主义建设事业培养专门人才的，这就决定了我国的高校学生管理必然要坚持中国特色社会主义的价值导向。具体地说，高校学生管理的价值导向主要体现在以下几个方面。

（1）高校学生管理的价值导向集中体现在管理目标中。目的性是人类实践活动的基本特征。而人的实践活动的目的，总是基于一定的需要和对实践对象的属性及其变化趋势的认识与判断，因此总是体现着一定的价值观念。高校学生管理的目的及其整个目标体系，都是基于一定的价值观念确定和设计的，贯穿和体现着一定的价值观念和价值追求，不仅对管理者的管理行为和高校学生的日常行为起着导向、激励和评价作用，而且会对高校学生价值观的形成和发展起到重要的引导和促进作用。例如，建立和维护良好的教育教学和生活秩序是高校学生管理的重要目标，体现了“有序”的价值观，这一目标的执行，会促进高校学生形成“有序”的观念。

（2）高校学生管理的价值导向突出体现在管理理念中。高校学生管理理念是高校学生管理的指导思想，直接制约着高校学生管理的原则和方法，体现了社会的价值观念。例如，在高校学生管理中全面贯彻“以人为本”的理念，坚持做到“关心人、尊重人、依靠人、发展人、为了人”，必然会对学生正确认识人的价值，确立“以人为本”的价值观念产生积极影响。

（3）高校学生管理的价值导向具体体现在管理制度中。科学而又严密的规章制度，是高校学生管理的基本手段，是高校学生管理规范化、制度化和法治化的基本保证与主要标志。管理规章制度是人们在一定的价值观念指导和影响下制定出来的，体现着一定的价值导向。其具体表现为：要求高校学生做什么，不做什么；鼓励和提倡做什么，反对和禁止做什么；奖励什么样的行为和表现，惩罚什么样的行为和表现等。高校学生管理制度中的这些规定无不体现着鲜明的价值导向。

3. 复杂的系统工程

同其他管理活动一样，高校学生管理也是一项系统工程，具有整体性、层次性、动态性和开放性。同时，高校学生管理又有其特殊的复杂性，因此是一项十分复杂的系统工程。

（1）高校学生管理的任务是复杂的。既要紧紧围绕高校学生的中心任务，加强对学生学习行为与实践活动的管理和引导，又要切实为高校学生的健康成长着想，加强对学生日常行为包括交往行为、消费行为、网络行为的管理和引导，及时发现、校正和妥善处理学生的异常行为；既要加强对高校学生现实群体包括学生班级、学生党团组织、学生社团和学生生活园区的管理和引导，又要适应网络时代的新情况，加强对高校学生以网络为平台形成的虚拟群体的管理和引导；既要对高校学生在校园内的安全加强管理和引导，又要为高校学生在校外的安全提供必要的指导和督促；既要做好面向全体学生的奖学金评定工作，以充分调动学生的学习积极性，又要做好面向家庭经济困难学生的资助工作，以帮助他们顺利完成学业；既要引导新生科学地制订职业生涯规划，明确努力的具体目标，又要为毕业生提供就业、创业指导和服务，使学生能够在合适的岗位上施展自己的身手、实现自身的价值。总之，高校学生管理渗透于高校学生专业学习和日常生活的各个方面，贯穿于高校学生培养工作的所有环节和全部过程，其任务是复杂而又艰巨的。

（2）高校学生是具有明显差异和鲜明个性的。高校学生管理的对象是高校学生，而高校学生则有着其特殊的精神世界和思想感情，有着不同的气质、性格、兴趣、爱好和习惯。即使是同一个年级、专业、班级的学生，由于他们各有其特殊的生活条件和生活经历，他们的思想行为也各有其特点。同时，随着自主意识的增强，高校学生普遍崇尚个性，追求个性的自由发展和完善。对同一名学生而言，在成长的不同时期也有着不同的特点。因此，高校学生管理就不可能按照完全统一的要求、规格和程序来进行，而要善于根据高校学生的个性特点，因人而异、因势利导，有针对性地开展工作。这就使高校学生管理具有了特殊的复杂性。

（3）影响高校学生成长的因素是复杂的。高校学生管理的目的是要促进高校学生的健康成长，而影响高校学生成长的，不仅有学校的教育因素，还有外部环境因素。实际上，所有与高校学生的学习、生活、活动和交往有关的环境因素，都会或多或少地对高校学生的成长产生影响。外部环境的构成因素是复杂的。其中，有社会的因素，也有自然的因素；有物质的因素，也有精神的因素；有经济的、政治的因素，也有文化的因素；有国际的、国内的因素，也有家庭的、学校周边社区的因素；有现实的因素，也有历史的因素。尤其是随着现代信息技术的迅猛发展，世界越来越紧密地联系在一起，高校学生可以方便快捷地获取来自世界各地的信息，因此，影响高校学生思想行为及其成长的环境因素也就更为广泛，更为复杂。同时，外部环境对高校学生的影响也是复杂的。一是其影响的性质具有两面性。其中，有积极影响，也有消极影响，二者往往交织在一起，同时发生作用。同样的环境因素相对于不同的高校学生可能会产生不同性质的影响。例如，富裕的家庭经济条件对许多高校学生来说是顺利完成学业的有利条件，但对有的高校学生而言则会成为铺张浪费、过度消费，甚至不思进取、荒废学业的重要原因。二是其影响的方式具有多样性。有直接的影响，也有间接的影响；有显性的影响，也有隐性的影响；有通过对高校学生思想情感的熏陶发生作用的，也有通过对高校学生行为的约束发生作用的。因此，在高校学生管理过程中，管理者不仅要善于对高校学生的学习和生活进行正确的指导，而且要善于正确认识和有效调控各种环境因素对高校学生的影响，尽可能充分利用其对高校学生的积极影响，防止、抵御和转化其消极影响。显然，这是一项十分复杂的工作。

4.显著的专业特色

高校学生管理传统上是经验性的事务性工作，但由于高校学生管理有其特殊的管理对象、特殊的内在规律和特有的方法体系，决定了必须形成高校学生管理专业视角，使用专业方法，形成专业研究模式。因此，高校学生工作管理是专业性很强的工作。

（1）高校学生管理有其特殊的管理对象。高校学生管理的对象是高校学生，而高校学生则有着区别于一般管理对象的显著特点。一是高校学生具有高度自觉能动性。高校学生具有强烈的自主意识、突出的独立意向和较高的智力发展水平，崇尚独立思考，要求自主自治。在高校学生管理过程中，高校学生不仅是接受管理的对象，也是积极活动的主体。对于管理的要求和规章，对于管理者施加的指导和督促，他们总要经过自己的思考，作出自己的评价、选择和反应。更重要的，他们还会主动积极地参与管理活动，自觉地接受管理和实行自我管理。这就要求在高校学生管理中必须着力激发和引导高校学生的自觉能动性，使他们能够自觉地顺应高校学生管理的目标和要求，主动接受管理，积极开展自我管理。二是高校学生正处于成长和发展关键时期。他们的心理日趋成熟，智力迅速发展，情感日益丰富，自我意识显著增强，但又存在着诸如理智与情绪的矛盾、自我期望与自身能力的矛盾等心理矛盾。他们正处于思考、探索和选择之中，世界观、人生观和价值观正在形成，思想活动具有显著的独立性、敏感性、多变性、差异性和矛盾性。他们即将走上社会，正在做进入职场、全面参与社会劳动实践的最后准备。可见，高校学生有着既不同于少年儿童又区别于成人的特点。同时，由于高校学生还处于趋向成熟的过程之中，因此在他们身上又蕴藏着各方面发展的巨大潜力。这就要求在高校学生管理中，要针对高校学生的特点，切实加强并科学实施对高校学生的指导和服务，以促进他们健康成长，并使他们的身心获得最佳的发展。三是高校学生以学习为主要任务，在教师的指导下进行自主学习。学生的主要职责是学习，是由教师指导的，按照一定的制度和规定，有目的、有计划、有组织地进行的。同时，高校学生可以按照学校的有关规定自主地选修课程，自主地支配大量的课外学习时间。因此，高校学生的学习不仅需要掌握科学的方法，而且需要高度的学习自觉性和有效的自我管理。这就要求高校学生管理紧紧围绕高校学生的学习任务，切实加强对高校学生学习行为的指导和管理。

（2）高校学生管理有其特殊的内在规律。高校学生管理的矛盾是指社会基于对专门人才的需要而对高校学生在行为方面的要求与高校学生行为实际状况之间的矛盾。这一矛盾存在于一切高校学生管理的活动之中，贯穿管理过程的始终，决定着高校学生管理的全局。它既是高校学生管理的基本矛盾，也是高校学生管理区别于其他社会实践活动的特殊矛盾。因此，高校学生管理作为一种管理活动，既要遵循管理的一般规律，又要遵循其区别于其他管理活动的特殊规律。高校学生管理作为一种人才培养的手段，既要遵循教育的一般规律，又要遵循区别于其他教育活动的特殊规律。这就需要对高校学生管理的特殊规律进行专门的探索和研究。高校学生管理理论研究的任务，就是要揭示高校学生管理的特殊规律。

（3）高校学生管理有其特有的方法体系。高校学生管理所具有的特定的管理对象和特殊的管理规律，决定了其特有的方法体系。由于高校学生管理工作涉及面极其广泛，具有很强的综合性，因此需要掌握管理学、教育学、心理学、社会学等多方面的理论方法和技术。但高校学生管理的方法体系不是这些学科方法和技术的简单拼凑与机械相加，而是需要在系统掌握这些学科理论、方法和技术的基础上，针对高校学生的特点，依据高校学生管理的特殊规律和具体实际，把它们有机地结合起来加以综合运用，从而形成自己特有的方法体系。

（三）高校学生管理的目标

高校学生管理目标是一定时期内实施高校学生管理活动所要达到的预期结果，是高校学生管理过程的指向、核心和归宿，规定了高校学生管理的方向和任务，制约着高校学生管理的手段和方法。科学地确定并正确地把握高校学生管理的目标，是实施高校学生管理的前提，也是提高高校学生管理效益的关键。

1. 确定高校学生管理目标的依据

高校学生管理目标的形式是主观的，但它的确定并不是主观随意的，而是围绕高等学校的人才培养目标，依据社会发展的客观要求和高校学生自身发展的客观需要制定出来的。

（1）高等学校的人才培养目标是确定高校学生管理目标的直接依据。高等学校的人才培养工作是一个十分复杂的系统工程，高校学生管理作为这一系统的重要组成部分，其目的就是要通过为高校学生提供各种指导和服务，以保证高等学校人才培养目标的实现。因此，高校学生管理目标的确定也就必然要以高等学校的人才培养目标为依据。实际上，高校学生管理目标也就是高等学校人才培养目标在高校学生管理领域的体现和具体化。

（2）社会发展的客观要求是确定高校学生管理目标的根本依据。高等学校的人才培养目标是由社会发展的客观要求决定的。高校学生发展的基本趋势和总体状况取决于社会发展的状况及其对人才素质的客观要求。而高校学生管理的实质就是要引导和帮助高校学生充分利用社会所提供的各种条件，发展和完善自己，以适应社会发展的客观要求。

（3）高校学生自身发展的需要是确定高校学生管理目标的重要依据。高校学生管理目标的确定，在主要依据社会发展需要的同时，还应当兼顾高校学生自身发展的需要。首先，高校学生是正处于发展之中的、具有鲜明个性的人。他们都有自己的思想感情、兴趣爱好和理想追求，都有丰富和发展自己的迫切需要。因此，高校学生管理的目标要体现高校学生自身发展的需要。其次，高校学生既是管理的对象，又是能动的主体。高校学生管理目标能否实现，关键就看它能否激发高校学生自我管理的主动性和积极性。因此，高校学生管理目标，要体现高校学生作为受教育者的自身发展的需要。只有这样，外在的管理目标才能转化为高校学生的内在追求，从而激励其自觉地开展自我管理，不断地奋发努力。

2. 高校学生管理的目标体系

高校学生管理目标按其地位和作用，可分为总目标和分目标。高校学生管理的总目标是高校学生管理的全部活动所要达到的预期结果。高校学生管理的分目标则是各个领域、各种层次和各个阶段的高校学生管理活动分别所要达到的预期结果。总目标是分目标的基本依据，分目标是总目标的分解和具体化；总目标调节和控制着分目标的执行，总目标的实现又有待于各个分目标的实现。高校学生管理的总目标和分目标构成了高校学生管理的目标体系。

二、高校学生管理的价值

高校学生管理对社会进步、高等学校发展和高校学生成长成才都有着重要的意义和价值。全面认识高校学生管理的价值，是高校学生管理研究的重要课题，也是切实加强和改进高校学生管理的重要思想基础。

（一）高校学生管理价值概述

价值本来是一个经济学的范畴。它是伴随着商品生产的出现而产生的。在经济学领域中，价值指的是凝结在商品中的无差别的人类劳动。现在，价值范畴已经广泛地运用于社会政治、法律、道德、科技、教育和管理等各个领域中，成了人们评价一切事物的一个普遍的概念。因此，价值又具有了哲学意义上的新内涵。在哲学意义上，价值是指客体对于主体的作用和意义，它体现了客体的属性和功能与主体的需要之间的一种特定关系，即客体属性和功能对主体需要的满足关系。价值不能离开主、客体中任何一方而存在。一方面，价值离不开主体，主体的需要是衡量价值的尺度，只有能够满足主体需要的事物或对象才具有价值；另一方面，价值也离不开客体，客体的属性和功能是价值的载体。价值的实质，也就是客体的属性和功能对主体需要的满足。

高校学生管理具有能够对高校学生的成长和发展、对高等学校实现教育目标、对培养社会合格人才发挥作用的属性与功能。正是高校学生管理的这些属性和功能构成了高校学生管理价值的基础。

高校学生管理的价值具有下述显著特点。

1.直接性与间接性

高校学生管理价值的直接性是指高校学生管理能够不经过中介环节而直接作用于价值主体，以满足其一定的需要。一般来说，高校学生管理对高校学生的影响和作用往往就是直接发生的。高校学生管理价值的间接性是指高校学生管理需要通过一定的中介环节而间接作用于价值主体，以满足其一定的需要。一般来说，高校学生管理对于社会的影响和作用往往就是通过对高校学生的影响和作用而间接发生的。

2.即时性与积累性

高校学生管理价值的实现，即高校学生管理以自身的属性和功能对价值主体某种需要的满足总要经过一个或短或长的过程。因此，高校学生管理价值也就具有即时性与积累性的特点。高校学生管理价值的即时性是指高校学生管理活动在短时间内就能够迅速达到目标，从而满足价值主体的某种需要。例如，及时办理新生中家庭经济困难学生的助学贷款，以使他们能够跨进大学校门，安心学习；及时处理学生中突发事件，以保障学生安全和校园稳定等。高校学生管理价值的积累性是指高校学生管理往往要经过一个相当长的过程，通过长期的工作积累才能达到目标，从而满足价值主体的需要；例如，建立良好的教育教学秩序，以满足高等学校人才培养工作的需要；培养学生良好的思想品德和行为习惯，以满足社会发展与学生自身发展的需要，等等。这些不是一朝一夕就能实现的，而是需要长期的工作积累。

3.受制性与扩展性

高校学生的成长成才要受到高等学校内部其他因素和外部环境因素的影响与制约。当其他因素对高校学生的影响与高校学生管理的作用方向一致时，高校学生管理就容易收到实效，其价值也就易于实现。反之，如果其他因素对高校学生的影响与高校学生管理的作用方向不一致，高校学生管理就难以收到实效，高校学生管理的价值也就难以实现。高校学生管理价值的扩展性是通过高校学生的活动和影响对高等学校内部其他因素和外部环境因素发生作用，从而使高校学生管理的价值得到扩展。例如，高校学生管理通过对学生科技创新和创业活动的鼓励与支持，激发起学生科技创新和创业的积极性，这就必然会推动学校的教学创新，以提高学生的科技创新能力和创业能力。再如，高校学生管理通过对学生日常行为的引导，使学生养成遵守社会公共道德规范、自觉维护公共秩序和环境卫生的行为习惯，这就必然会对学校周边环境的优化产生积极的影响。

4.系统性与拓展性

高校学生管理价值的系统性是指高校学生管理的价值是由多种维度、多种类型的内容构成的有机整体。按其价值的主体，可分为社会价值、高校集体价值和个体价值。社会价值是高校学生管理对社会运行和发展的作用与意义；高校集体价值是高校学生管理对高等学校运行和发展的作用与意义；个体价值是高校学生管理对高校学生个体成长和发展的作用与意义。按其价值存在的形态，又可分为理想价值和现实价值。理想价值是高校学生管理价值的应有状态，即高校学生管理所追求的最终价值；现实价值是高校学生管理的实有状态，即在现实条件下已经实现或正在实现的价值。按其价值的性质，还分为正向价值和负向价值等。高校学生管理的价值就是由上述各种价值组成的系统。高校学生管理价值的拓展性是指它会随着价值主体的需要和高校学生管理功能的变化发展而变化发展。随着社会的发展，高校学生管理服务对象的需要在变化和发展，这就必然会促使高校学生管理的功能发生相应的变化和发展，从而使高校学生管理的价值得到增强和拓展。例如，随着计算机网络的发展及其对高校学生的影响，要求高校学生管理必须加强对高校学生网络活动的管理和服务，从而使高校学生管理的价值拓展到网络空间中。

（二）高校学生管理的社会价值

高校学生管理的社会价值是指高校学生管理对社会运行和发展的作用与意义，集中表现在它是培养中国特色社会主义建设合格人才的重要手段，构建和谐社会的内在要求。

1. 培养合格人才的重要手段

中国特色社会主义事业的发展需要数以亿计的高素质的劳动者、数以千万计的专门人才和一大批创新人才。高等学校是人才培养的重要基地，其中心任务就是要为中国特色社会主义建设培养合格的专门人才。而高校学生管理则是高等学校人才培养工作的重要手段，在培养合格人才中发挥着不可或缺的重要作用。

（1）维护正常的教育教学秩序。高等学校的教育教学活动总是按照一定的制度和规章有目的、有计划、有组织地进行的，建立和维护正常的教育教学秩序是高等学校教育教学工作的内在要求和基本条件。这就需要有严格的、科学的管理，包括高校学生管理。高校学生管理在维持高等学校教育教学秩序中具有特殊的重要作用。在高校学生管理中，实行严格的学籍管理，按照一定的制度和规定，有序地做好有关学生入学与注册，课程和各种教育环节的考核，成绩记载、转专业与转学、休学与复学、退学、毕业与结业等各项工作，是建立正常的教育教学秩序的基础。实施系统的学习管理，引导学生明确学习目的，提高学习的主动性和自觉性，规范学生的学习行为，督促学生自觉遵守学习纪律和考试纪律，形成良好的学风，是建立正常的教育教学秩序的关键。加强对学生班级、学生社团等群体的管理，引导学生紧紧围绕学校的教育教学目标，有序地开展班级活动、社团活动和其他课余活动，是建立正常的教育教学秩序的重要条件。

总之，高校学生管理是建立和维护正常的教育教学秩序的重要保证。没有有效的高校学生管理，就不可能有正常的教育教学秩序。

（2）激励、指导和保障学生的学习行为。高等学校教育教学的过程是教师与学生双向互动、“教”与“学”辩证统一的过程。其中，“教”是主导，“学”是关键。学习是高校学生的主要任务，是高校学生能否成为合格人才的关键。而高校学生管理则对高校学生的学习行为起着重要的激励、指导和保障作用。高校学生管理对学生学习行为的激励作用主要表现在运用颁发奖学金和授予荣誉称号等方式表彰学业优秀的学生，以鼓励学生勤奋学习；把竞争机制引入学生的学习活动之中，围绕学生的专业学习，组织各种竞赛活动，以激发学生的学习热情。高校学生管理对学生学习行为的指导作用主要表现在：指导新生了解大学阶段学习的特点和要求，促进他们尽快实现从被动性学习到自主性学习的转变；指导学生根据社会需求和自身实际制订职业生涯规划，确定自己的职业生涯发展方向，从而明确学习的目标；指导学生掌握科学的学习方法，养成良好的学习习惯，不断提高自主学习的能力和学习效率；指导学生积极开展社会实践活动，注重在实践中加深对专业理论知识的理解，在实践中提高自己的专业技能。高校学生管理对学生学习行为的保障作用主要表现在：加强资助管理，切实做好助学贷款和助学金的发放工作，组织和指导学生的勤工助学活动，为家庭经济困难学生安心学习、顺利完成学业提供必要的经济帮助；开展学生学习心理辅导，帮助学生克服学业焦虑等各种消极心理，以积极健康的心态对待学习。

（3）培养学生的思想品德。中国特色社会主义建设所需要的合格人才不仅要具备良好的专业知识和能力素养，还要具备良好的思想品德。所谓思想品德是指人在一定的思想体系指导下，按照社会的言行规范行动时，表现在个人身上的相对稳定的特征。它是以心理因素为基础的思想与行为的统一体。培养高校学生良好的思想品德，不仅需要深入细致的思想政治教育，还需要有效的管理。这是因为人们良好思想品德和行为习惯的形成，有一个由他律到自律的过程。高校学生各方面还未成熟，发展尚未稳定，加之各个学生的思想基础不同，接受教育的主动性、积极性和自觉性也各不相同，因此，高校学生自我管理、自我约束的能力尚有欠缺并存在差异。要帮助高校学生提高自理、自律的水平，使他们能够自觉地遵循社会的思想规范、政治规范、道德规范和法纪规范，并形成良好的行为习惯，就必须加强思想政治教育，加强对高校学生各方面的管理，注重高校学生日常行为规范的训练。通过科学制定并严格执行各项规章制度，强化行为管理和纪律约束，使高校学生的学习、交往等各方面的行为都能够按照一定的规范有序地进行，不仅有助于培养高校学生良好的行为习惯，也可以为思想政治教育创造良好的环境条件，从而增强思想政治教育的效果。

2. 构建和谐社会的内在要求

（1）高校学生管理是维护社会稳定、实现社会安定有序的重要保证。我们所要构建的社会主义和谐社会应该是民主法治、公平正义、诚实友爱、充满活力、安定有序、人与自然和谐共处的社会。安定有序是社会主义和谐社会的内在要求和重要特征，也是实现社会和谐的基本条件。社会稳定则是安定有序的基本内容和重要表现，也是改革、发展的前提。而高校稳定是社会稳定的重要条件，高校稳定的关键则在高校学生。这是因为，高校学生的思想尚未成熟，存在着显著的矛盾性。他们关心国家发展，关注时事政治，追求民主自由，并具有较强的政治参与意识，但尚缺乏政治经验和社会生活经验，政治辨别能力不强，因此容易受到社会上错误思潮和不良倾向的影响。同时，高校学生正处于青年期，情感具有强烈性。虽然高校学生热情奔放、勇往直前，但是易于冲动，甚至失去理智。成千上万的高校学生集中在高等学校的校园内，如果缺乏正确的引导和有效的管理，一些不良的倾向和问题则很容易扩散开来，造成不良的社会影响。因此，切实加强高校学生管理，正确引导高校学生的社会活动和政治行为，妥善解决高校学生在学习、生活、交往和就业中碰到的各种矛盾和问题，及时处理各种突发事件，以保持高等学校的稳定，对于维护社会稳定，实现社会安定有序具有特殊重要意义。

（2）高校学生管理是构建和谐校园的重要手段。高等学校是现代社会中不可或缺的重要社会组织，担负着培养人才、推进科技进步、传播先进文化的重要任务。构建和谐校园，是构建社会主义和谐社会的题中应有之义，也是推进高等学校科学发展的内在要求。加强高校学生管理，引导和组织高校学生积极发挥在和谐校园建设中的主体作用，是构建和谐校园的重要手段。加强高校学生管理，建立和完善学生参与民主管理的组织形式，引导、支持和组织学生依法参与学校的民主管理和实行自主管理，切实维护和保障学生在校期间享有的权利，引导和督促学生全面履行法律规定的义务，自觉遵守国家法律和学校管理制度，能够有力地推进高等学校的民主法制建设。加强高校学生管理，妥善地协调学生与学校、学生与教师之间的关系，维护学生的正当利益，实事求是地评价学生的思想品德和学业成绩，公正地实施奖励和处分，正确地处理学生中的各种矛盾和问题，可以使公平正义在校园中得到弘扬。加强高校学生管理，督促学生在学习和考试、科学研究、人际交往和日常生活中坚持诚实守信，做到不作弊、不剽窃，引导学生尊敬师长、友爱同学、团结互助，才能在校园中形成诚信友爱的良好风气。通过高校学生管理，充分调动学生的积极性和创造性，围绕专业学习，开展丰富多彩的社会实践活动，鼓励、组织和支持学生开展科学研究、进行创造发明、尝试创业活动，才能使校园真正充满活力。通过高校学生管理，建立和维护学校正常的教育教学秩序和生活秩序，加强学生的安全教育和管理，保障学生的身心健康，有效地预防和妥善地处理突发事件，努力建设平安校园，才能使校园实现安定有序。通过高校学生管理，引导和督促学生自觉维护校园环境，节约使用水、电等各种资源，才能构建人与自然和谐共处的生态校园。

（3）高校学生管理是促进高校学生集体和谐发展的重要手段。包括高校学生党团组织、班级、学生会、社团等在内的高校学生集体是高校学生政治、学习和日常生活的基本组织形式，直接影响着高校学生的思想和行为，是高校学生思想政治教育和管理的重要载体。高校学生集体的发展，不仅直接关系着高校学生个体的健康成长和全面发展，也直接关系着高等学校的和谐稳定和科学发展。高校学生管理包括对高校学生集体的管理，因此对促进高校学生集体和谐发展具有十分重要的作用。通过高校学生管理，引导高校学生集体自觉遵循学校的有关制度和规定，紧紧围绕学校的人才培养目标和学生成长成才的需要，积极开展丰富多彩的集体活动，充分发挥自身在高校学生自我教育、自我管理中的作用，可以促进高校学生集体发展与学校发展的和谐和统一。通过高校学生管理，切实加强高校学生集体的思想建设、组织建设、制度建设和作风建设，引导高校学生增强集体意识，主动关心集体发展，积极参与集体活动，弘扬团结互助精神，不断增进同学友谊，注重相互沟通与交流，及时化解各类矛盾，可以促进各个高校学生集体自身的和谐发展。通过高校学生管理，引导高校学生党团组织、班级、学生会、社团等各类高校学生集体正确处理相互之间的关系，加强相互之间的沟通和协调，做到相互配合、相互支持，形成高校学生自我教育、自我管理的合力，可以促进各类高校学生集体的相互和谐与共同发展。

（三）高校学生管理的个体价值

高校学生管理的个体价值是指高校学生管理对高校学生个体成长与发展的作用和意义。高校学生管理的个体价值主要表现在引导方向、激发动力、规范行为、完善人格和开发潜能等五个方面。

1.引导方向

高校学生管理对高校学生的成长和发展起着重要的导向作用，主要表现在以下三个方面。

（1）引导政治方向。政治方向是政治立场、政治观念、政治态度、政治品质和政治信念的综合体，是人的素质中的首要因素，决定着人们思想和行为的基本倾向。引导高校学生确立坚定正确的政治方向，即坚持中国特色社会主义的方向，是高等学校的一项极为重要而又十分紧迫的任务。要实现这一任务，首先要加强高校学生思想政治教育，其次要加强高校学生管理。这是因为，高校学生管理的社会属性决定了其必然具有鲜明的政治方向性，并对学生的政治方向发挥引导作用。事实上，我国《普通高等学校学生管理规定》和《高等学校学生行为准则》都明确要求高校学生应当“确立在中国共产党领导下走中国特色社会主义道路、实现中华民族伟大复兴的共同理想和坚定信念”。严格执行高等学校学生管理规定，引导和督促高校学生自觉遵守高等学校学生行为准则，加强对高校学生的行为尤其是政治行为的管理和指导，引导学生正确行使依法享有的政治权利，防止和抵制各种腐朽意识形态对高校学生的影响，及时纠正校园中出现的错误倾向，维护和保障校园的政治稳定和政治安全，对于引导高校学生坚持、坚定正确的政治方向具有重要作用。

（2）引导价值取向。价值取向是指人们基于自己的价值观在面对或处理各种矛盾、冲突、关系时所持的基本价值立场、价值态度和所表现出来的基本价值倾向。价值取向决定和支配着人的价值选择，制约着人们思想和行为的方向。因此，引导高校学生掌握社会主义核心价值体系，坚持正确的价值取向，有着尤为重要的意义。高校学生管理通过坚持和贯彻体现社会主义核心价值体系的管理理念，制定和执行以培养中国特色社会主义建设合格人才为根本宗旨的管理目标体系和管理规章制度，对高校学生的价值取向发挥重要的引导作用。

（3）引导业务发展方向。引导高校学生确定既符合社会需要又符合自身实际的奋斗目标，明确业务发展的方向，引导他们把自己的主要精力和时间投入实现既定目标的业务学习和实践活动中，从而促进他们早日成才。高校学生管理在引导高校学生业务发展方向方面的作用集中表现在：通过对学生学习活动的指导，引导学生根据相关专业的要求和自己的兴趣爱好，确定专业学习的目标，从而明确在专业学习方面努力的方向；通过对高校学生职业生涯规划的指导，引导学生根据社会需求、职业发展的趋势和自身的主观条件与愿望，确定自己的职业理想，从而明确自己职业生涯发展的方向。

2. 激发动力

（1）需要激励。需要是人的行为动力的源泉，是行为动机产生和形成的基础。人的积极性的发挥及其发挥的程度，归根结底取决于其需要能否得到满足以及满足的程度。高校学生管理坚持以人为本的管理理念和服务学生的管理原则，关心学生的实际需要，维护学生的正当利益，扎扎实实地为高校学生的成长和发展提供各方面的指导和全方位的服务，因此，也就必然会对高校学生发挥重要的激励作用。

（2）目标激励。人的行为总是指向一定的目标。目标是人们期望达到的成果和成就，能够激发人的内在积极性，鼓励人们奋发努力。人们把目标的达成、满足自身需要的价值看得越大，估计目标能够实现的可能性越大，目标的激发力量也就越大。高校学生管理遵循社会发展要求与高校学生自身发展需要相统一的原则，科学地制定管理的目标，着力引导高校学生根据社会需要和自己的兴趣爱好、主观条件合理地确定自己的学习目标和发展目标，对高校学生发挥着重要的激励作用

（3）奖惩激励。奖励和惩罚是高校学生管理的重要方法，其目的就是要通过运用正、负强化手段，以维持和增强高校学生努力学习和践行高校学生行为准则的主动性和积极性。奖励是通过奖赏、赞扬、信任等褒奖形式来满足高校学生的需要，使其感到满足和喜悦，从而更加奋发努力的正强化手段；惩罚是通过造成被惩罚者某种需要的不满足而使其感到痛苦和警醒，从而变消极行为为积极行为的负强化手段。高校学生管理通过恰当地运用奖励和惩罚，鼓励先进，鞭策后进，从而激励全体高校学生奋发努力。

3. 规范行为

高校学生管理的一项重要任务就是要科学制定和严格执行各项管理规章制度和纪律，以规范高校学生的行为，促进其形成文明的行为方式和良好的行为习惯。高校学生管理在规范高校学生行为方面的作用，主要通过以下三种途径实现。

（1）加强制度建设。制度建设是高校学生管理的重要内容。高校学生管理中的制度建设，就是要依据社会发展要求、人才培养目标和高校学生健康成长与发展的需要，科学制定和不断完善各项规章制度，使高校学生明确应该做什么、不应该做什么，应该怎么做、不应该怎么做，并引导和督促高校学生规范自己的行为，逐步形成文明的行为方式。

（2）严格纪律约束。纪律是一定的社会组织为实现组织目标而要求其全体成员必须共同遵守并具有组织强制力的行为规范。它是建立正常秩序、维系组织成员共同生活的重要手段，是完成各项任务、实现组织目标的重要保证，因此成为高校学生管理中不可或缺的重要手段。在高校学生管理中，通过严格执行学习、考试、科研、集体活动、校园生活、安全保卫等各方面的纪律，以约束和调整学生的行为，对违纪行为及时作出恰当的处罚，可以有效地引导和规

范学生的行为，促进其良好行为习惯的养成。

（3）引导自我管理。自我管理是高校学生管理的重要路径。自我管理的一项重要内容就是要启发学生的自觉性和主动性，引导学生自觉遵守管理制度，主动规范行为，实行自我约束和自我监督。这种自我约束和自我监督，既表现在高校学生个体的自我管理中，也体现在高校学生群体的自我管理中。在高校学生班级、寝室、社团等群体的管理中，充分发挥学生的主体作用，引导学生在民主讨论的基础上，形成全体成员共同遵守的规章制度，并相互监督执行，有助于提高全体成员规范和约束自己行为的自觉性。

4. 完善人格

人格是一个人所具有的稳定而统一的心理特征的总和。通俗地讲，人格就是指个人的品格、思想境界、情感格调、行为风格、道德品质、精神面貌等。人格既是个人发展状况的集中表现，也是个人发展的内在主观条件。人的全面发展包含着人格的健全和完善。高校学生管理以促进高校学生的全面发展为根本目的，因此要注重培育高校学生健全的人格，以促进他们形成高尚的精神境界、优秀的道德品质、积极健康的心理品格。高校学生管理在完善高校学生人格方面的作用主要表现在以下两个方面。

（1）优化环境影响。环境是影响高校学生人格形成和发展的重要因素，对高校学生的人格具有陶冶和感染的重要作用。“近朱者赤，近墨者黑”，说的就是这个道理。高校学生管理在营造良好的校园环境、优化校园环境影响方面具有重要作用。高校学生管理通过制定和执行合理的规章制度，建立和维护正常的校园秩序；通过有效的学习管理和班级管理，促进良好学风和班风的形成；通过对高校学生交往活动的管理和引导，优化校园的人际环境；通过对高校学生网络活动的管理和指导，净化校园的网络环境；通过对学生社团和学生课余活动的管理和指导，形成积极向上、丰富多彩的校园文化生活环境；通过对学生生活园区的管理和学生日常行为的指导，为学生营造安定有序、文明健康的日常生活环境等。

（2）指导行为实践。实践是高校学生人格形成和发展的基本途径。高校学生所接受的各种教育影响，只有在实践中通过他们亲身体验，才能真正地被他们理解、消化和吸收。高校学生行为习惯的养成、实践能力的提高等，更是自身长期实践活动的结果。因此，高校学生管理通过对高校学生行为和实践活动的管理与指导，必然会对高校学生人格的完善发挥重要作用。

5. 开发潜能

人的潜能是指人所具有的有待开发、发掘的处于潜伏状态的能力。它包括人的生理潜能、智力潜能和心理潜能。人的潜能是巨大的。高校学生正处于成长和发展的关键时期，着力开发他们身上所蕴藏的丰富潜能，将其转化为从事社会建设的实际能力和现实力量，是高校学生培养工作的重要任务。高校学生管理作为高校学生培养工作的重要组成部分，在开发高校学生潜能方面发挥着不可或缺的作用，主要通过以下三种途径实现。

（1）指导学习训练。学习和训练是开发潜能的基础。只有通过系统的学习和训练，掌握必要的知识和方法，才能使潜能得到正确、有效的发挥。高校学生管理通过对高校学生的学习活动的管理和指导，引导其确立正确的学习目标，掌握科学的学习方法，不仅可以充分发掘高校学生在学习方面的潜能，提高他们的学习能力，而且可以促进高校学生系统地掌握专业理论知识和方法。

（2）运用激励机制。激励是开发潜能的重要手段。通过激励，可以充分调动人的主观能动性，打破安于现状的消极心态，振奋人的精神，转变人的态度，激发人的兴趣，调整人的行为模式，从而达到开发潜能的目的。因而激励是高校学生管理的重要手段。高校学生管理运用激励机制，通过引导学生明确努力方向和成才目标，奖励成绩优异、表现突出的学生，可以调动高校学生的主动性和积极性，激发他们奋发向上的进取精神，促进他们不断地开发自身的潜能。

（3）组织实践活动。实践是潜能转化为显能的中介和桥梁。人的潜能，只有在实践中，才能逐步显现出来，得到实际发挥，从而转化为显能。高校学生管理通过支持和指导学生的社团活动和社会实践活动，鼓励和引导学生的科技服务和科技创新活动等，可以为高校学生提供丰富多彩的参与实践活动的机会，使他们的潜能在实践中得到开发和发展。

第一章　高校素质教育管理

第一节　高校素质教育概述

一、高校素质教育的主要内容

所谓素质教育就是以提高人的素质进而服务于社会为目的的教育，或者说是以提高国民素质、实现社会发展目标为宗旨的教育。在高等学校倡导素质教育的思想，不是以一种教育代替另一种教育，也不是以素质教育取代专业教育，换句话说也就是不能将素质教育与专业教育对立起来。因此，从素质教育的思想观念出发，高等教育应是更加注重人才素质提高的专业教育。人才的素质一般可分为思想政治素质、文化素质、业务素质和身体心理素质四个方面。

第一，思想政治素质是根本，是灵魂。一般来说，思想政治素质大体包括两个方面的内容。一个是马克思主义理论、理想、信念和政治方向的素质，它主要表现为一个人的政治立场、观点和方法，对社会主义和共产主义的坚定信念，对祖国、对人民的无限忠诚等。另一个是思想品德方面的素质，它主要指个人的道德品质、思想修养和道德境界，表现为其能否为人民服务、能否以国家利益和集体利益为重、是否有献身精神等。我们把学校教育中培养学生思想政治素质的教育统称为学校的德育，学校要把德育工作放在首位。当然，思想政治素质教育不能孤立地进行，要把德育和智育、体育、美育有机地统一在教育活动的各个环节中，使各方面的教育相互渗透、协调发展，以促进学生的全面发展和健康成长。

第二，文化素质是基础。教育部提出，通过加强对大学生进行文、史、哲、艺术等人文社会科学和自然科学方面的教育，提高全体大学生的文化品位、人文素养、科学素质和审美情趣。实践证明，加强大学生文化素质教育有利于全面贯彻落实党的教育方针，符合我国高等教育改革和发展的方向，同时也顺应时代潮流和世界高等教育改革与发展的趋势。值得一提的是，加强文化素质教育的探索与实践，对于我国高等教育的教育思想和观念的改革，产生了超乎寻常的影响，可以说，起到了一种“催化剂”的作用。

第三，业务素质是重点。业务素质是学生服务于社会的特殊本领，如果大学生具有较高的思想政治素质和文化素质，那么无论是在专业学习上，还是在实际工作中，都能做到坚忍不拔、顽强拼搏，克服一切困难去完成学业和工作。而在业务素质教育中，重点是培养学生的创新意识、创新思维和创新能力，因为这是时代的要求，是提高民族竞争力的关键，是决定教育成败的关键。

第四，身体心理素质是保证。健康的身体和良好的心理素质是个人成长成才的重要保证。只有具有良好身体心理素质的人，才能懂得生命的价值和意义，才能去珍惜生命、重视健康，形成科学的思维方式和良好的生活习惯，不断调整自己的心理状况，甚至克服一定的心理障碍，使自己能够应付和承受来自外界的各种困难和压力，始终保持乐观的态度和昂扬向上的精神。

因此，实施素质教育，必须以提高学生的思想政治素质为根本，以增强学生的创新素质和创新能力为重点，把素质教育思想贯穿于学校教育的各个环节，贯穿于学校教育的全过程，这样才能提高大学生的整体素质。

二、高校素质教育的方法与途径

高等学校实施素质教育是一项十分重要而又复杂的工作，必须精心组织、统筹规划，把素质教育的要求落实到教育、教学工作的各个方面，体现在教学的各个环节中，贯彻到教师的教和学生的学中。在教学过程中，因为教师在教与学的矛盾中起主导作用，所以在实施素质教育时，教师应特别注意做到以下几点。

一是要教育学生“学会学习”。我们现在的教育主要是对已有知识的传授，侧重于掌握现成的文化知识，或多或少地忽视了对新知识的探求，这不利于培养学生的学习能力和创新能力。教育的目的不仅是向学生提供“金子”，更重要的是授予他们“点金术”。教育家陶行知说：“教师的责任不在教，而在教学，而在教学生学。”[①] 在当今信息社会和知识经济时代，教给学生知识，不如教给学生自己去获取知识的能力。我们应该改变现行的教育方式和教学方法，在教学过程中，教师要向学生传授科学的学习方法，把开启知识大门的钥匙交给学

① 钱江. 陶行知教育思想在当代教育中的应用策略探究 [J]. 创新创业理论研究与实践，2020，3(11)：77-78+95.

生，让学生掌握自己学习的本领。学习方法是人们赖以获取知识的工具，这种工具在一定程度上比系统的知识更为重要。大学生掌握了科学的学习方法，就犹如在学海中找到了“船只”，在书山中找到了“路径”，可以主动地获取自己所需要的知识，在知识的海洋里自由遨游，在知识的高山上自由攀登，就可以在知识经济时代游刃有余，成为时代的弄潮儿。

二是要培养学生的创新能力。我们必须确立学生在教育教学中的主体地位，增强他们的主体意识，激发他们学习的积极性、主动性和创造性。根据学生的需要和实际实施教育教学，最大限度地开发具有不同禀赋的学生的潜能，让每个学生都能得到充分发展和施展才能的机会。教师在教育教学工作中应善于提出问题，启发学生独立思考，寻求正确答案；应鼓励学生质疑、争辩，标新立异；应指导学生掌握发现问题、分析问题和解决问题的科学思维方法；应创造有利于学生创新意识、创新精神及创新能力培养和发展的良好环境，形成学术上自由讨论、广泛交流、相互争鸣，创新思想活跃，创新人才辈出的良好氛围；应摒弃那些僵化的、保守的、阻碍创新人才培养的各种旧制度，创设各种切实可行、行之有效、灵活多样的能够激发学生发挥创造力的，便于创新人才脱颖而出的教育教学制度。

三是要教育学生学会做人。从某种意义上讲，一个人的人品比他的知识能力更重要。许多用人单位在选人用人时，宁可挑一个知识技能相对差一点的，也不愿要思想品德差一点的。虽然知识技能和思想品德都可以培养提高，但前者比后者的培养要相对容易。随着社会的发展和进步，对人的科学文化水平和创新能力的要求越来越高，也对人的思想品德素质提出了更高的要求。联合国教科文组织国际教育发展委员会指出：“现代科学指出，人在生理上尚未完成成长，人永远不会变成一个成人，他的生存是一个无止境的完善过程和学习过程。”① 不仅学习无止境，而且“成人”也是一个永无止境的过程。教育的使命就是要教育学生成人成才，即造就全面发展的、具有理想人格的、对社会有用的人才。教师既要教书，教育学生“成才”，也要育人，教导学生“成人”。将做事与做人有机结合起来，既要使学生学会做事，又要使学生学会做人，这才是我国高等学校人才培养的目标。

① 汪天皎，杨伊，黄廷美．我国国际理解教育研究热点及演进分析 [J]. 教育科学论坛，2021(25)：38–42.

三、高校素质教育的目标

不同级别、不同类别的教育的目的和内容不同，素质教育的含义也就不尽相同。高等教育的素质教育，主要应该解决长期以来积累的问题；解决如何克服功利主义倾向，由以知识为中心转变为以人为中心的问题；解决如何根据学生个性和社会发展的需要，使学生的身心潜能得以充分开发的问题；解决如何使学生将学到的东西转化为潜在能力和内在精神品质，从而实现终身发展的问题。

从社会的发展来看，21 世纪的人才应具备以下特点：积极进取和开拓创新的精神；更高的思想道德品质和对人类的责任感；在急剧变化的社会中有较强的适应力；扎实的基础知识和基本技能，学会适应科技领域综合化；多种多样的个性特征和特长；与他人协作及进行国际交往的能力。概括地讲，21 世纪的人才必须至少具备积极的学习态度、正确的做人态度、独立学习和表达交流的能力。

高等教育的素质教育，要着眼于学生的个体发展、着眼于社会发展，不能把人当作社会发展的工具。学生步入社会以后能够自由、能动地发展，既推动社会前进又不异化为“活机器”，这就是当前高等教育的素质教育的根本目的。

第二节　高校素质教育的内容与形式

素质教育体现的是一种教育的理念，也是教育的本义和宗旨。一般认为，大学生应具备的素质包括思想道德素质、文化素质、业务素质，以及身体、心理素质等。推进素质教育不是通过简单地增加公共课课时、削减专业课课时就能解决的，而是要从完善素质教育的内容体系，丰富素质教育的有效形式出发，通过学习使学生拥有扎实的专业知识，通过欣赏使学生拥有善于发现美的眼睛，通过体验使学生拥有正直的良心、向往崇高和追求至善的心灵。

一、高校素质教育的内容

（一）思想道德素质培养

高校应全面加强与社会价值关联的德育教育，提高学生的思想道德水平，将所学知识“内化”成做人的基本品质。通过不断实践、积累、归纳，学生将具有创造精神和敏锐的观察、判断能力，走上社会后，能够明辨是非、勇于探索、积极创新，成为既有知识又有道德的合格的人。[①] 思想道德素质培养可分为以下两个方面。

1. 政治素质培养

政治素质是大学生素质构成中最重要的素质，政治素质教育是大学生素质教育的核心内容和根本问题。把思想政治素质作为最重要的素质和素质教育的灵魂，是教育战线全面推进素质教育必须明确和处理好的方向性问题，也是每一个教育工作者在实际工作中必须坚持的指导思想和基本原则。政治素质教育的内容主要有以下四个方面。

（1）政治方向的教育。政治方向是政治素质的核心，素质教育应把青年学生坚定正确的政治方向教育放在首位。正确的政治方向应包括树立共产主义崇高理想，坚定社会主义信念，坚持四项基本原则，坚持改革开放，坚持党的基本路线不动摇的思想等。

（2）政治立场的教育。政治立场是大学生全面政治素质培养的立足点，让学生拥有正确的政治立场，应站在人民群众的立场上，站在党和国家的立场上，自觉维护党和人民群众的根本利益，在思想上和行动上与党中央保持高度一致，禁得住大风大浪和大是大非的考验。

（3）政治观点的教育。培养学生运用辩证的观点、历史的观点、发展的观点分析社会现象，掌握马克思主义的世界观、人生观、价值观、法治观、群众观等，能够用辩证唯物主义的基本观点分析和认识事物。

（4）政治纪律的教育。政治纪律的教育就是要强化大学生的政治责任感，政治责任感是政治素质的动力因素，也是政治素质的根本。要教育大学生特别是大学生入党积极分子，自觉维护党的政治纪律的严肃性，从维护党的崇高形象和党中央的政治权威上规范、约束自己的言行，做政治上合格的大学生。

① 李欢，魏宏聚 . 欧内斯特 · 博耶“教学学术”思想评析 [J]. 理工高教研究，2009，28(06)：106–108.

多年的教育实践证明，做好青年学生的思想教育工作对青年学生全面素质的教育和学校的整体工作具有积极的导向作用。在实施思想政治素质教育的过程中，应努力探索说服教育与品德操行相结合，教育疏导与严格管理相结合，指导教育与自我教育相结合的多样化途径，重视发挥现代教育手段在德育工作中的作用。

当前，德育工作的内容、形式和方法要创新，应增强德育教育的针对性、实效性、吸引力和渗透力，还应该加强在校学生遵纪守法观念的教育与培养，让学生分清什么是真、善、美，什么是假、丑、恶。

2.道德素质培养

道德作为一种社会意识形态和上层建筑，是由社会存在和经济基础决定的，也是社会存在和经济基础的反映。马克思主义认为，道德是由经济基础决定的上层建筑和特殊的意识形态，是通过社会舆论、传统习俗和内心信念来维系的，对人们行为进行善恶评价的心理意识、原则规范和行为活动的总和。道德素质主要由社会公德、职业道德和家庭美德三个方面组成。社会公德相对于私德而言，包括从道德最低层次的公共生活准则到社会主义的人道主义道德、国民道德（主要规范为“五爱”，即爱祖国、爱人民、爱劳动、爱科学、爱社会主义）和最高层次的社会主义、共产主义道德等在内的一个完整的道德要求。职业道德的灵魂是为人民服务，即服务群众、奉献社会；职业道德的核心是爱岗敬业；职业道德的外在要求是诚实守信、办事公道。家庭美德指尊老爱幼、和睦相处、邻里团结。培养大学生道德素质，就是让他们具有文明礼貌、爱岗敬业、诚实守信、办事公道、服务群众、遵纪守法、廉洁奉公、平等公正、恪守信用、奉献社会等品德。这三个方面的道德素质要求，体现了高尚的道德品质和情操，可以形成巨大的人格力量，为净化整个社会风气起到积极的推动作用。

（二）文化素质培养

提高大学生的文化素质，提高大学教师的文化素养，提高大学的文化品位和格调，是当前高等学校开展文化素质教育、全面推进素质教育工作的重要任务。高校应充分发挥其在素质教育中的作用，努力建立起一套完整的、全方位的文化素质教育体系，有计划、有步骤地开展各种有益于学生素质拓展的文化素质教育活动，与专业知识教育相辅相成、有机结合，从而形成完整的素质教育体系。

1.构建一个好的课程体系

实现文理渗透，课堂教学是学校教育的主要途径，文化素质教育主要是通过课堂教学来实现的。因此，在文科教学过程中要重视以科学思想、科学方法、科学思维等构筑的科学素养教育；在理工科教学过程中要重视人文精神对科技进步的指导作用，融入人文教育的思想理念。美国哈佛大学对本科生的五条要求中的第五条指出："一个在哈佛大学受过教育的人和没有受过教育的人的最大区别在于前者的视野比后者的视野要广阔。"这就要求人才的培养应当是复合型的。美国麻省理工学院对"工程"的界定是："工程是关于科学知识的开发应用以及关于技术的开发应用的，以便在物质、经济、人力、政治、法律和文化限制内满足社会需要的有创造力的专业。"① 因此，高校要通过对人才培养模式、教学内容、课程体系和教学方法的改革，切实将素质教育落实到人才培养过程中。

2.通过第二课堂和改善校园文化环境来达到文化素质养成的目的

文化素质教育不同于知识能力的培养，文化素质的提高在很大程度上取决于自身的努力和环境的熏陶。良好的校园环境对学生有潜移默化的影响，学生身在其中，耳濡目染，他们的人生追求、价值取向和思想品格会不知不觉地受到影响。校园文化是进行文化素质教育的重要途径，校园自然景观和人文景观是进行文化素质教育的潜在课程。一个学校要重视自己的文化底蕴，要有自己特有的学术和文化氛围。校园文化活动与课堂教学是一个相互呼应、相互渗透、共同作用的教育过程，有效的校园文化活动是课堂教学的补充和延伸，适应了素质教育将知识内化为能力的要求。加强校园文化建设，寓教于乐，让学生在紧张的学习之余参加一些高品位的文化娱乐活动，使思想得以升华，人文精神得以熏陶，身心得以调节。同时，高质量、高品位的文化娱乐活动又是科技文化知识传播的形式，它可以改变学生的知识结构，扩大其知识面，拓展其思维空间。比如，开展各种形式的校园科技文化活动、读书活动、知识竞赛、演讲比赛、辩论赛、文艺演出、人文知识讲座等，还可以让学生走出校门，参加社会实践，外出参观学习，以营造浓厚的人文氛围。在此环境里，学生的行为举止、精神气质、人文素养等都可以得到熏陶，有利于学生的全面发展。学校的文化品位和格调是一个学校的教学水平、管理水平和学术水平，以及学风、校风的体现，是在长期办学过程中形成的一种传统和风范。提高学校的文

① 许涛，严骊．国际高等教育领域创新创业教育的生态系统模型和要素研究——以美国麻省理工学院为例 [J]. 远程教育杂志，2017，35(04)：15-29.

化品位和格调是时代赋予学校发展和建设的新需求。教育工作者要不断探索、不断实践，营造浓厚的文化和学术氛围，优化育人环境，为提高大学生文化素质创造有利条件。

3.提高教师的文化素养

提高教师文化素养是开展文化素质教育的关键。随着改革开放的深入和市场经济的发展，出现了社会生活的多元化和经济成分的多样化，必须加大力度提高教师的素质，坚持将教师的政治、业务、待遇一起抓。高校教师，尤其是中青年骨干教师和学科带头人，不仅要胜任教学、科研工作，在学术上有创新和发展，而且思想水平要有所提高，要善于团结协作，带动和促进教师群体一起奋发向上，真正成为全面的高素质人才。目前，要将文化素养作为教师教学质量和水平考核的重要内容，激励广大教师热心教学、全身心投入教学，增强教师的使命感和奉献精神，切实注重和关心学生素质的全面提升，坚持为人师表、教书育人，善于挖掘和发挥教学的各个环节中有利于人才素质提高的因素，将素质教育贯穿于教学活动的方方面面，使关心人才的全面成长成为教师的自觉行动。

（三）业务素质培养

当代科技革命的发展规模之大、速度之快、影响之深是前所未有的，知识和信息成为这个时代最重要的战略性资源，它对国民经济、科技进步、文化教育、社会发展和军事实力等各个方面都产生了重要的影响。因此，现代大学生要有较高的业务素质，广博、扎实的基础知识。只有掌握扎实的基础知识，及时追踪科技与社会发展的前沿，不断地更新和丰富自己的知识信息，才能有效地提高创新意识和创新能力，以适应未来社会日新月异的发展变化，成为知识经济时代的有用人才。要想提高大学生的业务素质，必须做好以下三个方面的工作。

1.加强教学改革与建设

要通过深化教学改革，搞好教学基础建设，努力提高学生的业务素质。以加强基础教学为重点，改革教学内容和课程体系。在有限的教学时间里，向学生传授的应是最基本的理论和方法，让学生掌握这些基本的理论和方法后，能去扩大自己的知识范围，开辟新的知识领域。为此，必须深化教学改革，下功夫抓好课程建设，尤其是基础课的课程建设。要使课程建设工作迈上一个新台阶，除制定好规划外，还应该抓好教学研究活动，以及教考分离和计算机辅助

教学等多项工作。

2. 变革教育思想与教育技术

要从调动学生学习的积极性出发，全面提高学生素质，最重要的是转变教学思想、改革教学方法。结合各专业的课程特点，积极采用启发式、讨论式等教学方法，变学生被动接受知识为主动思考问题，使教师、学生双方配合，提高教学的艺术性。深入社会实践大课堂，走教学、科研、生产相结合之路，改变理论与实际相脱离的状况，充分利用实验室和实习基地锻炼学生的动手能力。

3. 大力培养大学生的创新意识和创新思维能力

创新思维和创新意识是现代人才的重要标志，加强大学生创新思维能力的培养是促使大学生早日成为合格人才的重要途径。王通讯在《人才学通论》中指出："人才就是为社会发展和人类进步进行创造性劳动，在某一领域、某一行业或某一工作上做出了重大贡献的人。"钟祖荣在《现代人才学》一书中这样描述："人才，是在品德、智能、创造性三者中的一个或几个方面，实际水平和实际成果都杰出的人。"王银江等主编的《未来人才学》中提出："对 21 世纪的人才来说，就是要非常突出时代的特征：适应性和创造性。……人才是一个具有专业智能并能自觉地为促进社会进步而从事创造性劳动的人。"可见，创造性是人才素质的一个重要方面。加强大学生创新思维能力培养，必须注重以下三个方面。

（1）注重培养学生的逆向思维能力。在日常生活中，我们善于运用逆向思维研究各种事物，尤其是当运用习惯的思维方式、传统的工作方法难以奏效时，反过来想一想、试一试，常常会得到意想不到的良好效果。这就要求教师转变教育观念，改革教育模式，启发、引导学生从相反的角度思维开始，敢于向老师提问，敢于质疑教师的教学，敢于质疑教材，敢于质疑一切现成的理论。不破不立，只有采取相反的思维方式，采取批判的、怀疑的态度，才能发现新问题。同时，教师还要为学生树立敢于逆向思维的榜样，只有这样才有可能培养出敢于质疑的学生。宋代教育家、心理学家朱熹说："读书无疑者，须教有疑。"李四光说："不疑不能见真理，所以我希望大家都采取怀疑的态度，不要为已成的学说所压倒。"① 当然，只敢质疑还不够，还要教育学生善疑。如果只是为了怀疑而怀疑，没有信任感，不求甚解，就会陷入怀疑论的泥坑。敢

① 欧阳田，范起东，邱小雪，王春华 . 新时代李四光精神融入地质类大学生思想政治教育路径研究 [J]. 文化创新比较研究，2021，5(21)：5-8.

疑、善疑不是最终目的，还要在怀疑中找到答案，而不是否定一切。

（2）注重培养学生的发散性思维能力。传统教育只强调聚合思维（集中思维、求同思维、正向思维），而不讲发散思维（求异思维、逆向思维、多向思维），这是有其深刻的教育思想根源的。传统教学模式强调以教师为中心，强调教师对学生单向讲授知识，把学生当作知识灌输对象，其目标是把学生培养成能很好地理解、消化和应用前人知识与经验的应用型人才。为了创新，必须强调发散思维，没有发散思维（求异思维、逆向思维、多向思维）就不会有任何创造性的萌芽，更不会有创造性的成果。这就要发散学生的思维，引导、启发学生“异想天开”，要转变直线的思维方式，还要特别注意“转移”思维能力，即“移花接木”能力的培养。比如，输液瓶转移成擀面棒、自行车转移成制作棉花糖的动力等，这种思维也是创新思维的显著特点。

（3）注重培养学生的独创思维能力。独创是创造性思维最重要的方面，独创就是“标新立异”。“删繁就简三秋树，标新立异二月花”，这就是独创。时装之所以是时装，就是因为其独创性，独创性表现为新、奇、异。没有独创思维能力，就不可能有创新能力。

（四）身体、心理素质培养

身体、心理素质对大学生来讲尤为重要，因为大学生是将来建设祖国的“人才资源”，身体健康状况是这种资源能否充分发挥作用的一个很重要的条件。

提高大学生身体素质，要从青年人的身体特点出发。首先，高校要通过体育课及组织各种群众体育活动，使大学生获得基本的体育锻炼，达到强健体魄、促进健康的效果。其次，高校还可以通过举行运动会及一些项目的比赛，达到提高运动水平的目的。最后，高校要强化大学生的体育意识，这将有助于心理素质教育根本问题的解决。

在新形势下，加强大学生心理健康教育，关注大学生的心理健康，预防各种心理疾病的产生，解决大学生存在的心理障碍问题，已成为新世纪我国高等教育的一项重要任务。管理心理学认为，人的心理状态虽然受社会生活环境的影响，但是人们仍可以通过各种努力来进行调节，以维持心理平衡，达到心理健康的目的。对在校大学生进行心理健康教育可通过下列途径和环节进行。

（1）建立并科学地使用大学生心理档案。这是提高心理健康教育质量的基本环节。通过建立心理档案不仅能从宏观上准确地把握大学生的心理轨迹，还

能从微观上防患于未然，及时发现大学生的个性心理障碍和心理疾病，提高心理咨询和治疗的针对性与有效性，同时也可以为学校思想政治教育和管理提供科学的依据，并且能进一步帮助大学生认识自我、开发潜能、发展自我。

（2）建立“三级心理保健网”。这是对大学生心理维护和心理健康教育的有效措施。高等学校可借鉴医疗卫生系统“三级预防”的模式，建立并完善“三级心理保健网”的功能与作用。其中，一级心理保健网，以预防为主，由学生处牵头，高校心理咨询教师对学生干部进行心理健康知识培训，也称“扫盲培训”，充分发挥学生干部的作用；二级心理保健网主要是通过对各院系的班主任、辅导员及学生管理人员进行更高层次的培训，使他们成为学校心理健康教育的骨干力量；三级心理保健网以心理咨询中心专业人员为主，组织实施心理健康的宣传教育、骨干培训以及心理咨询门诊等日常工作。实践证明，只有开通“三级心理保健网”，才能使心理健康教育体系得以落实和完善，并且保证心理健康教育的可操作性和实效性。

（3）多渠道、多样化地开展心理健康知识的普及与教育。首先，从开设思想道德修养社会心理学和大学生心理健康等课程着手，教学过程中应尽量摆脱单纯知识传授，要理论联系实际，引导大学生认识自我、激励自我、开发自我。其次，每学年要有针对性地开设心理健康教育专题讲座，不定期举办以学校为中心的社区性大型现场心理咨询活动。另外，还可在校园刊物上专门开设“心理咨询”栏目，就大学生遇到的共性问题进行分析，这种文章短小精悍，针对性强，为大学生所喜闻乐见。

（4）为大学生心理健康创造良好的校园文化氛围。将心理健康教育有机地融入加强文化素质系列活动中，开展丰富多彩的文化娱乐活动、学术活动、社会实践活动，使大学生在思想观念、心理素质、行为方式等方面得到熏陶。环境是一个“无声胜有声”的课堂，良好的校园文化氛围会对大学生产生潜移默化的影响，使他们在不知不觉中受到教育，促进大学生之间的心灵沟通，让他们相互帮助，这样可以增强他们的归属感与安全感，从而达到淡化自卑、培养自尊、缓解各种心理压力、提高心理素质的目的。

二、高校素质教育的主要形式

(一)教学是素质教育的主渠道

1.切实推进课堂教学改革是全面推进大学生素质教育的中心环节

大学生在校学习期间获得知识主要是通过课堂教学这一途径。因此，全面推进大学生素质教育必须要从以下几个方面入手，抓住课堂教育这个中心环节。

(1)树立新的课堂教学观念，破除旧的教学观念。社会发展到了今天，知识更新的节奏加快，仅仅利用大学生有限的在校学习时间是无法把浩如烟海的知识讲授完全的。因此，为了适应社会快速变化的需要，必须使教师的教学观念从知识性教育转向发展性教育，从努力提高学生的知识水平转变为提高学生的发展水平。

(2)全面推进课堂教学方式改革。课堂教学是由教师、学生、教材和教学方法及手段这四大基本要素构成的一个动态过程，课堂教学改革的实质就是正确处理课堂教学四大基本要素之间的关系，使之更合理、更符合实际。这就要求教师必须把教学过程看作学生在教师的指导和组织下主动地去探究、获取知识的过程，并且在这个过程中使广大学生逐步提高学习能力、创造能力，培养良好的思想品质和行为习惯。

(3)课堂教学改革要注重实质内容，克服形式主义。素质型课堂教学的基本要求是："根据素质教育的基本内涵和要求，运用科学有效的教学方法，合理组织课堂教学活动，使学生的潜能和个性得到最大发展。"根据这样的要求，课堂教学的各个环节的许多实质性问题都需要改进和革新。要正确发挥教师的主导作用和学生的主体作用，科学设置课堂教学目标和教学结构，努力营造轻松活泼的课堂教学氛围。

2.进一步加强教师队伍建设是大学生素质教育的关键

进行素质教育归根结底要依靠广大教师创造性的教学。因此，提高教师自身的素质，是实现素质教育的基本保证。素质教育不仅要求教师传道、授业、解惑，还要求教师具有高尚的师德和高度的责任感与事业心，具有更广博的知识，具有更高层次的教学能力，特别是具有创新思维的教育方法。因此，教师要不断加强教学能力的训练，变"教书匠"为创造性的教师。

围绕着有利于提高大学生综合素质这一主题，教师应认真把握以下两个方面的问题：一是在传授知识的过程中，要注重学生能力的培养，把理论知识与实际结合起来，增强学生创造性地运用理论知识的能力。二是应该处处起到好的表率作用。教师不仅是学生获得知识的导师，也是人格品行的榜样。因此，教师应该成为遵纪守法的模范、履行教师职业道德的模范和文明言行的模范。只有这样，才能为提高学生素质提供良好的保证。

（二）校园文化活动是素质教育的主要载体

高校学生素质教育要立足于校园文化建设，扎实有效地开展校园文化活动是高校学生思想政治工作的一个方面。随着高校教学改革的深入、专业设置的调整和新世纪对大学生素质教育要求的不断提高，学生在校期间的学习方式、生活方式和活动方式发生了根本性的变化。结合青年学生的特点，建立以学生校园文化活动为重点的高校学生思想政治工作的方式和机制，以重要纪念日、重大历史事件为契机，以高质量、高品位、寓教于乐的活动为内容，将高校思想政治工作延伸到大学生学习之外的各项活动中，充分体现“用优秀的作品鼓舞人，用高尚的精神塑造人”的宗旨。

高校的校园文化活动直接影响着大学生的健康成长，是高等教育机制中一个十分重要的环节，是大学生素质教育的有效载体。大学生一旦进入校园就会自觉接受智能文化的熏陶、物质文化的影响、规范文化的约束、精神文化的陶冶。因此，高校的校园文化活动具有教育导向功能、开发与创造功能、娱乐调节功能、激励凝聚功能。

1.创造良好的校园文化环境

校园文化环境主要是指学校中直接和间接对大学生产生影响的诸多要素的有机结合，它反映一个学校的总体水平，影响着大学生的成长和发展，并且在很大程度上体现着大学生全面素质教育的水平。大学校园是高知识、高文化的教育环境，是展示社会文明的大橱窗。环境是无声的课堂，对青年健康品格的塑造产生潜移默化的影响。青年时代正是人生观、世界观的形成时期，青年人又具有很大的可塑性，因此，必须优化校园环境。除了语言、文化、生活等教育方式，学校还应努力创造一种客观环境，促进健康文化活动与人际交往，促进学生德、智、体、美、劳全面发展，使学生形成健康的心理状态和积极向上的精神状态，养成高尚的品格。另外，改革开放时代，外来文化必然要进国门、入校门，我们要有选择性地汲取西方文化中优秀的部分，将其融入高校文化建设中，摒弃颓废文化，弘扬中华民族传统文化，增强民族自尊心、自信心、自豪感，形成良好的文化环境。只有有效地把西方的先进文化和民族传统文化中的精华结合在一起，才能使校园文化具有先进性、民族性，内容丰富、品位高雅、形式多样，为高校进一步做好素质教育工作提供更广阔的空间和契机。

2. 打造校园精神

校园精神是一所学校的灵魂，具有鲜明的个性特征，是师生在长期的教育教学活动中形成的趋同性群体心理特征、行为规范和精神追求，其外化为学校的校风。一所学校的校园精神的形成和确定，需要师生长期的艰辛培育。形成和确立起来的校园精神融汇着历史的、民族的文化精髓，体现着时代发展的特征，蕴含着一所学校的育人思想，覆盖着学校育人工作的每个环节。有效地开展内涵丰富的校园文化活动是对校园精神的强化和发扬，可以帮助学生不断完善和充实自己，可以营造浓厚的人文氛围。在此环境里，学生的行为举止、精神气质、人文素养等都可以得到陶冶，有利于学生的全面发展。

3. 将思想政治教育融入校园文化建设

发挥校园文化对学生进行思想教育的熏陶作用，一要切实建设“文明、整洁、优美、有序”的校园环境，加强文明宿舍建设、文明行为规范教育，让学生在良好的校园环境中培养良好的品德。二要大力开展各种文明健康的文化、科技、体育、艺术、娱乐等活动，寓教于学，寓教于乐。通过社会实践，参观革命圣地，读好书，唱革命歌曲，请有成就的校友和出国访问学者、专家做报告等活动，学生可以得到人生启迪。

（三）科学实验与社会实践是素质教育不可分割的部分

加强大学生的综合素质教育，培养高素质的创新人才，是时代发展的一个重要目标。科学实验与社会实践作为对大学生进行素质教育的手段，实现了学校教育和社会教育的有效对接，是高等教育的一个重要组成部分，是全面培养和提高大学生综合素质的有效途径。社会实践活动更重要的目的在于通过这样的形式，产生一种连动的综合效应，促使青年大学生生理与心理、感性与理性、知识与技能、继承与创新、情感与理智、服务社会与自身成长的和谐统一，这体现了素质教育的要求。

科学实验与社会实践活动是课堂教学的延伸和补充，是学生走出校园，走向社会、服务社会，向社会人转变的演示和尝试，它将学校教育、社会教育与学生自我教育融为一体，寓专业知识技能提高、思想政治教育、身心发展于其中。以广阔的社会为课堂，以生动的社会生活为教材，是一种为学生所喜闻乐见的生动有效的教育活动形式。其重要的意义在于促进教育同生产相结合，引导和帮助青年学生把自身学习、成长和发展与深入了解中国的国情结合起来，与深入改革和现代化建设的伟大实践结合起来，自觉地走与工农相结合、与实践相结合的成长道路。

1.科学实验丰富学生的感性认识并促进大学生业务素质的提高

科学实验是对大学生所学理论知识的综合检验。科学实验使他们看到了自身知识、能力结构的缺陷，能促进他们主动调整知识结构、主动锻炼动手能力。通过实践，学生能产生在学习书本理论时体验不到的情感升华，真正把理论和实际紧密结合起来。通过科学实验，把所学的书本知识运用到生产过程中，解决具体问题、巩固知识、提高实际操作能力和动手能力，增强实践技能。通过发现问题、分析问题、解决问题，确立创新意识，激活创新精神，培养创新能力。

2.社会实践有助于提高大学生的思想道德素质

大学生通过接触实际了解社会，在实践中运用辩证唯物主义的基本观点，全面客观地观察问题、分析问题和解决问题；运用历史唯物主义的观点和方法看待社会和人生，正确分析和评价现实生活中的政治、经济、文化、道德现象和各种社会思潮，在现实中认识自我，明确肩负的历史责任，主动把自己锻炼成为社会主义事业的建设者和接班人。同时，大学生参加社会实践有利于解决自己深层次的思想问题，坚定自己走正确的成长道路的决心和信心，使思想和灵魂得到升华，经受洗礼。他们在服务社会、服务群众的过程中培养了良好的思想道德素质。同时，社会实践有助于大学生树立正确的人生观、价值观。社会实践使大学生在社会的多维坐标体系中正确认识自己、把握自己，在了解社会、认识国情中培养自己的社会责任感和历史使命感，从而在认识上产生质的飞跃，自觉地把自己的前途与祖国的建设事业密切联系起来。行千里路，读万卷书。走出“象牙塔”到社会中实践的青年学生，要“阅读、掌握”一本本活生生的国情教科书，目睹我国改革开放后经济迅猛发展的喜人景象，了解、体验由计划经济体制向市场经济体制转轨的必要性和艰巨性，可加深对国家深化改革的路线、方针、政策的理解，认识社会稳定对国家发展和个人成长的重要意义，增加对改革的认同、支持和参与的自觉性，激发出跨世纪的机遇感、责任感、使命感和紧迫感。社会实践为大学生成才提供了强大的精神动力。

3.社会实践可以促进大学生身体素质的提高

学习的原动力来源于需要。社会实践使大学生从"科学技术是第一生产力"中看到了知识的重要性，提高了学习兴趣。社会实践调整了大学生的情绪，磨炼了大学生的意志和性格，提高了他们对改革的心理承受能力，增强了他们的竞争意识，起到了良好的心理保健作用。大学生通过深入社会加深了对改革的必然性和必要性的认识，勇于面对社会，主动迎接挑战，自觉消除不良心理暗示，释放心理压力，增强心理承受能力。

由此可见，科学实验与社会实践体现了素质教育的要求，符合素质教育的宗旨，有助于素质教育目标的实现。

高等学校通过开展科学实验和社会实践来实施素质教育，可以进一步丰富教育教学内容。要将社会实践纳入各专业的教学计划中，规定为必修课，并且核定为一定的学分。将参与面扩大到全体学生，引起学生的高度重视，也必将增加活动的效果。在科研上，安排资深的专业教师给予指导，加大科学实验和社会实践活动开展的深度和效果。同时，高校还必须建立专项社会实践活动基金。高校的共青团组织作为社会实践活动的组织者，要切实加强对该项活动的管理和指导，逐步建立完善的管理系统和考核机制，加强社会实践基地建设，做好社会实践的总结、评比、表彰工作，形成有效的激励机制。比如，把社会实践活动与青年志愿者活动和团组织的"推优"工作结合起来等，从而尽可能地调动广大学生投身社会实践的积极性。同时，高校还要大力开展社会实践活动的宣传工作，使学生明白社会实践在人才培养过程中的作用和意义，激发学生参加社会实践活动的主动性。要结合时代特征，多开展一些学生喜闻乐见的以"科技下乡、环境保护"等为主题的活动。要加强同实践基地的联络和交流，注重社会实践基地的建设，精选社会实践内容。大学生可以通过青年志愿者服务、社区援助等社会实践活动，利用自己掌握的科学文化知识和应用能力为社会服务，上好就业前的一课，同时也可以在现实社会的大熔炉里更好地锻炼自己，净化自己的灵魂，陶冶自己的情操，升华自己的人生价值观念。

4.培养高素质人才是素质教育的根本目的

开展大学生素质教育，旨在通过充分调动学生认识与实践的积极性和主观能动性，促进学生心理与生理、智力与非智力、认知与意向等因素的全面、和谐的发展，着眼于人的素质和品质的教育与提高，强调知识的内化和人的潜能的发展。在涉及学生成才和发展创业的诸多因素中，应平均施力。把全面发展的教育理念，贯穿于培养大学生的全过程，这样才能把大学生培养成具有良好、全面素质的“四有”新人。正如爱因斯坦曾指出的那样：“用专业知识教育人是不够的。通过专业教育，他可能成为一种有用的机器，但是不能成为一个和谐发展的人。”因此，高等院校培养跨世纪的人才，必须加强大学生素质教育。

21 世纪的社会更加重视质量，21 世纪的高等教育也更加重视质量。人才素质能力的培养是高等教育中最本质的核心，如何将大学生对外在知识的自觉学习内化为大学生素质能力的自然提高是高校教育的目标。提高高等教育人才培养和科学研究的质量和水平，也是我国高等教育在 21 世纪的奋斗目标。

第三节　高校素质教育的实施

一、选准突破口，实施素质教育

高校素质教育的实施要从总体上入手，选准突破口。具体来说，有以下几个方面。

在教育的任务上，要把开发人的潜能、提高学生的素质作为教育的根本任务和最终目的。素质教育的基本任务就在于多出人才、出好人才。因此，全面提高一代人的基本素质，是教育的价值所在，也是素质教育最基本的特征。

在教育的对象上，要坚持面向全体学生。实施素质教育的一个重要特点，就是要全面提高每一个学生的素质水平。因为素质教育是致力于提高全民族素质水平的，只有少数人成才，绝不等同于提高了整个民族的素质。不仅如此，实施素质教育还要注意提高公众的群体意识和精神风貌。一个民族的素质如何，不仅取决于每个公民的素质，而且取决于能否弘扬和体现本民族的民族精神和风貌。在实施素质教育时，高校应该牢固树立民族素质的整体观念。

在教育的目的上，高校要力求促进学生的整体发展。提出教育的整体性发展目标，并不是要求学生各方面均衡发展，而是在教育过程中，要把素质结构中各要素作为一个整体来全面培养学生。坚持素质教育的整体性发展目标，并不是排斥学生个性特长的发展，而是遵循素质的整体性特点和心理整体性发展的规律，使学生素质的全面发展更有成效。实施素质教育的整体性发展目标，在当前的教育实施中，既要(从经验方面)注重德、智、体、美、劳等素质的全面发展，又要（从心理方面）注重认识、情感、技能等素质的全面发展。尤其是对情感领域和技能领域的培养应予以重视，这是当前教育实践中的薄弱环节。

在教育内容上，高校要坚持两个方面。一是课程设置和教学内容要具有广泛的基础性和通用性，要能有效地促进学生基本素质的全面提高。为此，要改革同全面提高学生的各项基本素质不相适应的课程设置和课程结构，适当调整教学内容。二是促进学生素质的基本发展，这里的基本既指作为新一代合格公民应具备的基本素质，又指素质结构各构成要素的基本水准。

在教育方法上，高校要突出把外部的教育影响内化为学生个体的素质，要把能力培养作为素质教育的重点。实施素质教育的一个关键问题就是要把各种教育影响转化为学生个体内在的素质，培养和提高学生各方面的能力。因此，实施素质教育要特别注重在教育方式和教学方法上，瞄准教育教学的内在目标，重视内化过程和内化机制的研究。在实施素质教育时，高校必须改变观念，提高认识，并且积极寻求科学有效的内化方法。

二、实施素质教育的总体思路

（一）以整体改革为思路

第一，要从教育整体改革出发，即从理论到实践都要改革，要完善教育理论，转变教育观念，改革教育体制，端正办学方向，改革教育目的、内容、原则、方法、方式，等等。第二，要有整体的素质目标，从构建受教育者身心整体素质结构出发来培养人多方面的素质；要有整体的素质教育内容、途径与方法，形成整体素质教育网络。学校、家庭、社会教育相结合，课内与课外相结合，理论与实践相结合，集体和个体相结合，教学和自学相结合，形成相互补充的渠道。总之，素质教育的内涵与目标决定了教育必须进行整体改革，也只有进行整体改革，才能使素质教育付诸实施。

（二）构造“三个着力点”的思路

第一，根据人的素质特征，建立素质教育目标体系，以此作为素质教育实施和评估的依据。第二，适应素质教育要求，构建整体性课程结构体系。课程体系是目标体系的逻辑延伸，它是一个时期教育思想与培养目标的具体体现。实施素质教育就要通过优化课程结构开发学生的潜能，为学生良好的基础素质的形成与发展提供有效的工具。第三，实现教育架构完整化，建立整体性评估体系。

（三）依据素质特点实施素质教育的思路

这种思路要求从专业素质和基础素质出发。专业素质就是一个人为了顺利从事某种具体的实践活动所必须具备的特殊能力；基础素质是指任何人顺利从事实践活动都必须具备的基础条件，一般来说，这些条件可概括为德能、智能和体能三个方面。基础素质是专业素质形成和发展的前提条件，专业素质是各类专业人员必备的条件。因此，实施素质教育就要正确处理两种素质培养的关系。

（四）重视“以学生为主”的思路

我们认为学生是素质教育的负荷者，是素质的主体。以学生为主体，并不是轻视教育者的作用。教育者的作用要体现在引导、启发学生的自觉性和积极性上。根据“外因通过内因而起作用”的原理，学生是主体，是内因，而教育过程中的其他一切（包括教师的作用）相对学生来说，都是客体，是外因。外因的作用再大，学生的积极性没有被调动起来，内因不起作用，也根本无法收到素质教育的效果。

（五）为实施素质教育开拓新的教育途径

根据许多国家的理论和实践，素质教育的新途径有以下几种：谋求与学生的合作，推行职业教育，合理评价学生，发展教育技术，重视教育社会化，改革教育规划和管理。另外，还应指出，良好的心理品质的培养是素质教育的关键，能力培养是素质教育的重点，综合训练是素质教育的基本方法，等等。

三、实施素质教育应注意的问题

高校在实施素质教育过程中应注意以下几个问题。

（一）素质教育要有质量观、效益观

我们越是加强素质教育，就越要有质量观、效益观。质量是学校生存的基础，效益是学校发展的条件。我们讲质量，就是要多出人才、出好人才；我们讲效益，就是要以尽可能少的人力、物力投入获得尽可能多的高素质人才。

（二）素质教育应是全面的教育

提到素质教育，有人认为，只要抓抓体育就是素质教育；也有人认为，只要搞好“第二课堂”就是素质教育。这些看法都是片面的。我们所说的素质教育是全面的、多方位的教育，它包括思想政治素质、文化素质、专业素质、身体心理素质等。因此，实施素质教育不能顾此失彼、以偏概全，而应全面贯彻教育方针，全面落实教学计划。其中，德育是保障，智育是基础，体育是条件，任何一方面都不可偏废。

（三）要认真总结以往的经验

在过去几十年中，我国的教育获得了长足的发展，取得了世人瞩目的成就，也积累了丰富的经验，这些经验是我们的宝贵财富。应该说，如今实施的素质教育是过去成功教育方面的继续。因此，我们应辩证地看待问题，对于成功的做法应理直气壮、旗帜鲜明地坚持下去并逐步发扬光大。

四、实施素质教育要把握好的几个层面

素质教育的实施是一个巨大的系统工程，单凭某个地区、某所学校、某位教师的努力，很难取得切实的成效。素质教育的实施要把握好以下几个层面。

（一）宏观层面是素质教育实施的前提

首先，革新教育观念，树立正确的教育行为的价值取向。我们需要树立的教育观念要面向全体学生，尊重学生的主体性，让学生在德、智、体等方面得到充分的发展，成为具有健全人格和个性的人。其次，改革招生、考试制度及劳动人事分配制度。最后，要建立素质教育评价系统，让实施素质教育的学校有参照的目标与依据。国家应当出台思想品德素质、科学文化素质、体育素质、审美素质及劳动技能素质和心理素质的具体评价体系，开展学校办学水平的综合评估。让学校、教师在推行素质教育时，有一定的参照标准，按照教育规律办事，以促进学生的全面发展。

（二）中观层面是素质教育实施的条件

这一层次主要指在学校层面如何实施素质教育。第一，要制定有关素质教育管理的试行办法和管理制度，对学生的多方面素质发展情况进行管理。第

二，要全盘考虑教学过程的管理。学校不仅要重视教学的结果，还应重视教学的过程，在教学过程中既要注重学生智力因素的培养，又要重视学生非智力因素的培养，这在一定时期内还是个重点。第三，提高教师的素质。素质教育的直接实施者是教师，要教育培养学生具有良好的素质，教师首先应具备各种素质。

（三）微观层面是素质教育实施的重点

教学工作是学校工作的中心和重心，课堂教学是教学的基本组织形式，是实施素质教育的微观层次，是重点。当前的课堂教学还没有完全摆脱应试教育的束缚，必须依照素质教育的要求进行改革。

第一，教学目标应具有全面性。既要传授知识，也要发展学生的能力，培养学生健全的人格和优良的品德，使学生身心得到和谐发展。

第二，在教学方法上应选择最优的方案。要认清师生的辩证关系，尤其要重视学生的主体性，引导学生独立思考、独立研究，掌握学习方法，会学、善学。同时，学校还应重视学生个体差异的客观存在，根据学生的特长、个性特点、兴趣爱好、认知风格等因材施教。

第三，在课堂教学风格上，选择现代化信息沟通模式。调动学生的各种感官，让他们动口、动手、动脑、动眼；创造条件开展各种规模的讨论与实际操作；运用现代化的教学媒体，提高信息传递的质量，提高教学效果，提高学生的能力。

第四，在教学内容上，应选择优化和整合学生学习的内容。不仅让学生学到知识，还应为学生的发展创造“最近发展区”。

第五，建立激励性的教学评价。在教学过程中真诚鼓励每个学生都去争取成功，培养其自信心，增强其学习的兴趣。

第二章　高校学生组织行为管理

第一节 高校学生行为管理

一、高校学生行为管理概述

（一）高校学生行为管理的内涵

“行为”一词在《现代汉语词典》中的解释是“受思想支配而表现出来的活动”。广义的行为是指一切可以观察到的、生物的、具有适应环境性的活动；狭义的行为是指人受环境等外部因素的影响和刺激，内在的心理和生理发生变化所形成的外在表现。人的行为是在先天遗传的基础上，经过后天的学习表现出来的，具有积极适应环境和有创造性改造环境的特点。

行为管理是随着西方工业化进程加快和社会化大生产的发展，企业劳动及劳动力构成发生变化，经济危机及劳资双方矛盾加剧而产生的。以泰勒为代表的古典管理学派只把人当作“经济人”，忽视人自身的因素。梅奥的“社会人”假设奠定了行为科学的理论基础，以人为出发点，根据“需要引起动机，动机支配行为”这一基本原理，从人的需要、欲望、动机、目的等心理因素的角度来研究人的行为规律。行为管理理论一直被广泛应用于组织管理，为组织目标和组织效率的实现提供了理论支持。

对高校学生行为的管理与引导一向被看作学校教育的重要组成部分，其原因主要有三个方面。一是学校作为公共教育机构，一个重要的人才培养内容就是促进学生个体社会化。众多学生只有在有秩序的环境中才能正常地学习与生活，每个学生遵守公共秩序本身就是一种社会行为。二是大部分学生的自觉理性尚在形成过程中，还不能绝对理智地支配自己的行为。他们的行为往往受到欲望、情绪的驱使，还可能受到外界的诱惑与利益的驱动，从而发生越轨行为，因此必须正确教育、引导。三是学生的正当行为若不经过反复练习，就不足以促使偶然的行为表现转化为长期的行为习惯，并由此形成稳定的道德品质。

高校学生行为管理是探讨和研究高校学生行为过程的规律，对高校学生行为目的、行为手段和行为结果进行指导、评价、矫正和控制，使其产生正确、积极的行为，养成良好的行为习惯和高尚的思想品德这一过程的总和。从管理主体上划分，高校学生行为管理包括学校管理和学生自主管理；从管理内容上划分，主要包括各级相关行为管理规范的制定、教育宣传与执行，学生良好行为习惯的引导与养成、学生偏差行为的矫正等；从高校学生行为表现上划分，主要包括学习行为管理、社会实践行为管理、交往行为管理、消费行为管理、网络行为管理等。

（二）高校学生行为管理的意义

对高校学生行为的有效管理有利于促进校园、社会良好风气的形成，有利于青年学生优良品德的培养，是高校德育工作的重要内容，直接关系到高校学生的全面成长成才与学校乃至整个社会的和谐稳定。

（1）高校学生行为管理是新形势下实现学校人才培养目标的重要手段。高校学生行为管理作为高校学生管理的重要内容，对学生的基本行为具有强有力的约束和指导作用，对实现高校教育管理功能有着不可替代的意义。德国教育家赫尔巴特在《普通教育学》中曾指出："如果不坚强而温和地抓住管理的缰绳，任何功课的教学都是不可能的。"新时期高校学生行为的管理与引导将管理与教育紧密结合，着眼于整体教育活动的健康有序进行和良好育人氛围的形成。因此，加强学生行为管理，形成科学、人本的管理秩序，直接关系到学校教育目标的实现和学校人才培养的质量，必须将其作为高校整体教育工作中的重要环节，在实际工作中重点加强、扎实推进。

（2）高校学生行为管理有利于引导学生树立自觉的理性意识，是实现学生道德发展的客观需要。大学学习生活阶段是青年学生个体成长的重要阶段，也是青年学生理性意识逐渐成熟的阶段。青年学生在此阶段身心发展趋于成熟，但个体道德规范尚未稳固，其行为特征存在一定的盲目性和局限性，行为意识亟待引导、规范。具体来说，要使学生逐步实现由"他律"向"自律"转化，需要通过管理、教育等外部规范手段来引导，帮助学生树立正确的行为规范意识。高校学生行为管理正是通过不断研究学生行为的新特征、新情况、新问题，有针对性地推动管理体制和管理机制的发展，引导其树立对积极健康行为的正确认知和自我管理的理性意识，从而促进其自身的全面发展。

（3）高校学生行为管理有利于健康、和谐秩序的形成，是维护高校、社会稳定的重要保障。高校学生行为管理的一项重要职责是规范学生的日常行为，教育引导学生遵守学校纪律，促进健康和谐的校园环境与社会环境的形成。高校通过有效的学生行为管理可以进一步促进良好教育秩序的形成，确保学校各项人才培养工作得以顺畅开展。高校学生最终要步入社会，他们的行为意识将会影响其今后的工作甚至整个人生阶段。重视行为管理，强化正确的行为意识，可以使其逐渐树立正确的道德规范，更好地服务社会，发挥其社会精英的作用。与此同时，高校学生作为特殊的社会群体，其意识、行为都受到国家和社会的广泛关注，对整个社会群体的行为意识起到一定的导向作用。因此，加强对高校学生行为的管理和引导，对于保障高校和社会的稳定都具有重要的意义。

二、高校学生学习行为管理

在大学阶段，学习是学生的首要任务，高校学生的学习行为直接影响自身的成长与发展。因此，加强高校学生学习行为的管理和引导，能够帮助其树立积极的学习意识，掌握科学的学习方法，养成良好的学习习惯，为未来成长成才奠定良好的知识基础。

（一）高校学生学习行为的类型与特点

《现代汉语词典》对“学习”的定义有两个，一个是指从阅读、听讲、研究、实践中获得知识或技能，另一个是指效法。从学习的概念来看，广义的学习是指人和动物依赖经验来改变自身行为以适应环境的神经活动过程，它包括人的学习和动物的学习。狭义的学习是指人掌握人类社会经验的过程。

高校学生学习行为是指高校学生在所开展的一切和获取知识、技能等目的相关的活动中表现出来的行为。从本质上来说，高校学生的学习行为是对社会和自然的一个认识过程，是从无知到有知，从知之不多到知之甚多，从对社会和自然的盲目性认识到自觉性认识的过程。

1.高校学生学习行为的基本类型

（1）按学习方式划分，可分为以下三种类型。

①教师引导型。高校学生在大学阶段的学习行为主要由教师引导、传授。

但是与中学课堂上教师的教育方式不同，集中的课堂专业学习已难以满足学生发展的全方位需求，教师除了进行直接的知识传授，更多地扮演指导者和领路人的角色，为学生的学习行为指明方向、提供资源、分享经验、答疑解惑。

②独立研究型。独立研究型是指学生利用网络、图书馆等学习资源独立开展学习和研究。

③集体研讨型。集体研讨型是指学生可以根据兴趣、爱好、专业的不同组成学习小组，进行集体研讨学习的行为。“独学而无友，则孤陋而寡闻”“三人行必有我师”，高校学生在学习过程中，除了在教师指导下进行专业学习，还经常会组建以学习为目的的各种群体，通过朋辈交流开展学习活动。

（2）按学习动机划分。学习动机是推动学生从事学习活动，并且朝一个方向前进的内部动力。学习动机和学习行为相互影响，一方面，人的学习需要一定的学习动机来维持；另一方面，学习动机需要通过具体的学习行为来体现。按学习动机可将高校学生的学习行为分为以下三种类型。

①自我实现型。自我实现型是指高校学生以实现个体的需要、兴趣、理想、信念、人生观等作为主要动机而开展的学习行为。对学习个体而言，这类学习动机属于内部动机，具有积极性、自觉性和主动性等特征。

②知恩图报型。知恩图报型是指学习动力主要来源于对父母、师长、社会恩遇的回报，这类学习行为主要以情感为基础，学习动机一般相对稳定。

③谋求职业型。谋求职业型是指主要以寻求理想的职业作为动力的学习行为。此类学习动机属于外部动机，往往会随着外部条件的变化而不断发展变化。

（3）按学习结果划分。美国教育心理学家罗伯特·加涅按学习结果把学习活动分为五类，高校学生的学习行为也可以从这一维度进行划分。

①言语信息的学习，即学生掌握的是以言语信息传递（通过言语交往或印刷物的形式）的内容，或者学生的学习结果是以言语信息表达出来的。这一类的学习通常是有组织的，学习者得到的不仅是个别的事实，而且是许多有意义的知识。

②智慧技能的学习，即学习者将符号和信息转化成自身能力的学习。智慧技能并不是单一形式，它有层次性，由简单到复杂包括四个层次：辨别、概念、规则、高级规则。言语信息的学习帮助学生解决“是什么”的问题，而智慧技能的学习要解决“怎么做”的问题，以处理外界的符号和信息。

③认知策略的学习。认知策略是学习者用以支配自己的注意、学习、记忆

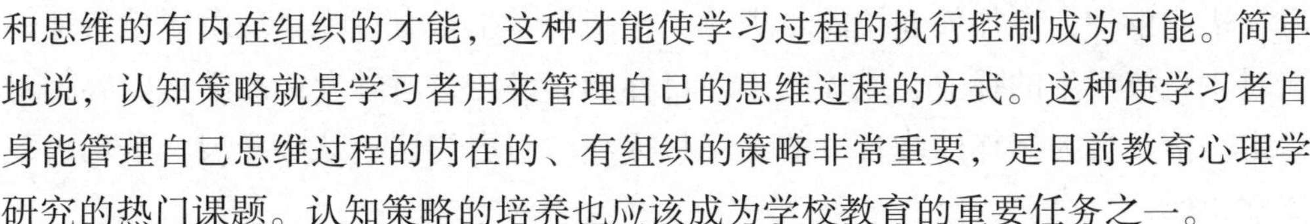

和思维的有内在组织的才能，这种才能使学习过程的执行控制成为可能。简单地说，认知策略就是学习者用来管理自己的思维过程的方式。这种使学习者自身能管理自己思维过程的内在的、有组织的策略非常重要，是目前教育心理学研究的热门课题。认知策略的培养也应该成为学校教育的重要任务之一。

④态度的学习。态度是通过学习获得的内部状态，这种状态影响着个人对某种事物、人物及事件所采取的行动。人的行动是受态度影响的，而且态度还是人的动作的结果，因此学校的教育目标应该包括态度的培养。

⑤运动技能的学习。运动技能又称动作技能，如体操技能、写字技能、作图技能、操作仪器技能等。

2.高校学生学习行为的特点

与一般的学习行为相比，高校学生学习行为具有以下特点。

（1）专业性与广泛性并存。由于大学教育在培养目标、教学内容、课程设置上具有明确的专业划分，高校学生的学习活动一般都围绕某一类专门性学科、依据专业的培养目标展开，其学习行为带有鲜明的专业性特征。另外，大学课程体系中还包含外语、计算机等共同基础知识。随着高校学生学习活动的空间逐渐从课内向课外拓展、从现实向网络拓展，高校学生除了专业学习，还经常根据自身兴趣爱好广泛涉猎、自主学习各种理论知识和技能。因此，高校学生学习行为又呈现广泛性特征。

（2）自主性与依赖性并存。当前，在高等教育学分制和弹性学制的背景下，高校学生学习行为具有鲜明的自主性特征。他们可以在完成规定课程学习的基础上自由选课，有较多的业余时间对学习目标和内容进行规划设计，有目的地开展学习活动。然而，高校学生由于受到自身素质、知识结构、学习能力等方面的限制，一定程度上还需要在教师的指导下进行学习活动，其学习行为还存在一定的依赖性。

（3）阶段性与整体性并存。从现实来看，高校学生在大学学习的不同阶段，其学习目标和学习重点也往往各不相同。比如，本科生在大学一年级时，学习处于过渡期，还处于中学和大学之间的转型阶段，多侧重对专业基础知识和公共基础知识的学习。进入大学二年级，学生已经开始侧重进行各种专业理论和基本技能的学习，这一阶段的学习行为往往呈现出一定的稳定性。到了大学三年级，高校学生的学习目标日益明晰，学习内容逐渐向纵深发展，围绕各自的目标，学生的学习行为差别趋于明显。进入大学四年级，学生开始面对择业问题并即将走向社会，学习行为产生实用化、实践化的倾向，如进行专业实习、毕业设计，参加就业技能培训等。在高校学生学习行为呈现阶段性特征的同时，高校学生的择业、成才的学习目标相对确定，所学专业的学习内容相对稳定，学习行为始终围绕自身的学习目标和学习内容这一核心开展，呈现出整体性特征。

（二）高校学生学习行为的管理与引导

加强对高校学生学习行为的管理和引导，帮助学生摆正学习心态，明确学习目标，提升学习能力与创新能力，已成为当务之急。

1.明确学习目标，激发学生深层次的学习动机

对于高校学生的学习行为管理与引导，首要的任务就是帮助学生树立科学的学习目标，强化学习行为的目标意识，进而形成科学的学习动机。具体来说，一是要引导学生充分理解个人需要与社会发展的关系，能够将个人需要与社会发展相结合，树立科学的学习成长目标。学校在具体工作中要通过外在正面激励强化、职业发展辅导等方式，帮助学生认识到只有树立明确的学习目标，才能在大学期间获得充分的发展。二是要充分激发学生深层次的学习动机。开展学习行为管理，要从每个学生个体的自身特质和兴趣爱好出发，通过唤醒学生的内在学习兴趣、激发其求知欲，引导学生正确认识学业发展、树立积极的学习目标，从而挖掘学生的潜力，使其形成长期的学习动机。

2.强化自主学习管理模式，提升学生自主学习的能力

授人以鱼，不如授人以渔。大学阶段的学习，传授知识固然重要，但更关键的是培养学生自主学习的能力，为其走向社会、终身学习奠定基础。一方面要有针对性地客观分析学生的内在素质，进而针对学生的个性特点和发展需求，制定合理的阶段性学习规划，对学生自主学习进行方法指导，如建立自主学习规范、制定大学四年学习规划、完善自主学习制度等。另一方面，可以探索自主学习与小组学习相结合的方式，改变学生单独学习的时间多而小组合作学习的时间少等情况，组织学生进行合作学习，充分发挥集体智慧，促进自身学习能力的提升。此外，还要为学生自主学习提供充足的资源和良好的环境，不断丰富完善图书馆、网络教学等公共学习资源，积极为学生创造自主学习的实践机会，让学生在实践探索中不断强化自主学习意识、提升自主学习能力。

3.建立科学长效的奖惩机制，营造良好的学习氛围

奖惩机制对学生学习行为有直接的导向作用，是学生学习行为健康发展的重要制度保障。一方面，高校以促进学生全面发展为指向，本着正面激励为主

的原则，构建科学长效的奖励机制。对综合素质较高、专业学习优异、专长突出的同学给予充分的物质奖励和精神奖励，充分激发学生内在的学习动力和学习的积极主动性，为学生学习行为提供明确的发展导向。另一方面，高校要切实加强高校学生学习行为的纪律规范，保障学校正常的教育教学管理秩序，加强校风、学风建设，要严格、公正地纠正学生违反学校相关管理规定的不当行为，要本着教育为本、严格规范的原则进行管理，建立警示、预防、处理等相关机制，严肃校风校纪，为学生提供公平、公正的学习环境，营造诚信、踏实的求学风气。

三、高校学生社会实践行为管理

（一）高校学生社会实践行为的类型与特点

高校学生社会实践行为是指高校学生按照高等教育目标的要求，深入实际、深化教学、服务社会，促进自身全面发展的活动行为。社会实践作为高校培养人、教育人的一种基本教育形式，通常以“受教育、长才干、作贡献”为目标，以学生亲力亲为的实践体验活动为载体，是高校课堂教学的重要延伸。

1. 高校学生社会实践行为的类型

（1）按实践范围划分。按照高校学生开展社会实践活动的范围进行划分，可分为校内社会实践行为和校外社会实践行为。校内社会实践行为包括校内勤工助学、毕业设计、军事训练等，校外社会实践行为包括校外教学实践、校外专业实习、假期工作实践、社会调查、咨询服务、支农支教、社区服务等。

（2）按实践内容划分，可分为以下四种类型。

①学习研究型社会实践行为。主要是指高校学生在专业教师的指导下，针对某一专业问题或社会热点问题，深入社会进行调查研究。参与此类实践活动可以培养高校学生发现问题、解决问题的意识和能力，在形成调研报告、发表科研成果的过程中还可以提高学生的学术科研能力。学习研究型社会实践行为还包括由学校根据学生专业需求，统一组织学生到相关企事业单位进行的专业实习锻炼。

②志愿服务型社会实践行为。主要指学校、学生社团或学生个体为满足社会需要而开展的公益性志愿服务活动，如绿化城市、美化校园、科技扶贫、义务演出、义务宣讲等。此类社会实践行为既可以帮助学生走进社会，了解社会，还能够培养学生无私奉献的精神及高度的社会责任感。

③参观教育型社会实践行为。这种社会实践行为主要指学校组织或学生自发组织走进社会，到工厂、企业、中小学校、历史圣地、文化古迹等进行参观考察，学生通过直接的感官体验，了解国情，升华思想，从中受到教育和启迪。

④有偿劳动型社会实践行为。主要指高校学生以获得经济报酬为主要目的而进行的社会实践活动，既包括由学校为学生提供的勤工助学机会，如图书管理、助研管理等，又包括学生个体或集体自发组织参与的相关行为，如从事家教、推销产品、利用寒暑假时间到企事业单位打工锻炼等。此类社会实践行为有助于培养学生勤劳肯干的作风和艰苦奋斗的精神，有助于提升其就业能力。

2. 高校学生社会实践行为的特点

高校学生社会实践行为主要有以下几个特点。

（1）体验性。实践体验是高校学生学习知识、掌握本领的一个重要途径。高校学生的理论学习往往通过课堂学习得以实现，社会实践则更强调从感性上获得对社会各方面的认知、理解、体验和感悟。通过社会实践，学生可以将自身原有的知识经验与亲身接触的社会实际进行印证和比较，将抽象的理论知识与具体的实际问题联系起来并相互转化。

（2）专业性。高校学生社会实践是高校教育教学不可或缺的重要环节，体现出所学专业理论知识与社会实践行为紧密结合的鲜明特征，主要体现在两方面。一是高校学生社会实践行为的目的是通过实践检验、反思所学的专业理论知识，最终运用所学专业知识服务社会，实现自身价值。二是高校学生社会实践行为的内容和方式具有专业性。高校学生具有突出的专业知识和专业技能优势，能够更好地服务于社会各项事业的发展。比如，暑期“三下乡”活动就是以法律、教育等学科的专业知识为活动内容而开展的实践，其形式和效果得到了社会的广泛认同。

（3）阶段性。高校学生社会实践行为的阶段性特点主要表现在两个方面。一方面，高校学生社会实践行为是高校学生社会化过程中的一个重要阶段。高校学生处于人生中的成长、成熟阶段，其社会化的任务是为进入社会、承担社会责任做好全面的准备，这一阶段的实践成果主要通过学习获得。另一方面，实践内容的阶段性主要表现为社会实践形式随着年级的增长而变化。比如，低年级学生的社会实践行为主要集中在校园内及其周边，以活跃课余文化生活、培养兴趣爱好、提升能力为主要目的。高年级学生的社会实践行为会更注重深入社会，通过调查研究、教育实习等方式把专业知识与社会实际联系起来。同

时，除了贯穿整个大学过程的学习研究实践，各种实践行为都具有参与时间上的阶段性。

（二）高校学生社会实践行为的管理与引导

1. 完善运行机制，充分调动高校学生参与社会实践的积极性

一是要把社会实践作为高校教育教学活动和人才培养过程的重要环节纳入整个教学体系。引入学分制，督促学生在完成实践活动后上报成果，对成绩合格者给予相应学分。二是要建立健全保障和激励机制。比如，设立专项基金，用于解决学生外出时的交通、住宿、参观等费用。对在社会实践活动中表现优异的学生给予一定的物质与精神奖励，还可将社会实践作为参与评奖评优、保送研究生、推荐就业单位的考核依据等。三是要建立考核评价机制。进一步健全社会实践活动的考评体系，设立科学的考核标准和考核办法，全方位、多角度、全程式对学生实践活动给予评价。对实践行为做出客观反馈的同时，促使学生深入反思实践中的经验与不足。四是要努力实现社会实践运行的基地化、项目化及社会化。具体来说，可以加强与社会单位的联系，有计划地建立一批稳定的社会实践基地，以招标的形式确立实践项目，确保实践活动的实效性。

2. 强化专业指导，确保高校学生社会实践活动的科学开展

高校应结合实际，建立和完善校院（系）两级学生社会实践活动指导体系。在学校层面，要设置专门的由学校分管领导和有关部门负责同志组成的高校学生社会实践领导小组，加强高校社会实践的对内组织指导和对外联络沟通，建立科学规范的管理制度，保证社会实践有步骤、有计划地进行。在院（系）层面，应发挥院（系）的专业优势，整合社会资源，选拔一支优秀的指导教师队伍，为学生社会实践活动提供专业指导，确保社会实践取得良好的效果。此外，高校还要加强对学生社会实践活动的理论研究，建立高校学生社会实践行为的科学发展体系。

3. 加强示范宣传，进一步扩大高校学生社会实践活动的影响力

在高校学生社会实践行为进行的全过程中开展示范宣传教育，以进一步扩大其影响力。高校可以利用多种方式，强化社会实践参与者与其他学生的交流互动，增强示范引导作用。一方面，选拔和培育示范性的社会实践团队和个人，从学校层面支持高校学生的社会实践行为，提供更广阔的展示平台和发展空间。一是要充分发掘资源，开展评选活动，选拔出对高校学生全面发展有积极作用和广泛影响的社会实践活动，给予适当奖励和宣传；二是要加强培育，

根据学生个性特质和兴趣方向组织开展社会实践活动，有意识地培育优秀的社会实践团体和个人。另一方面，多渠道宣传，提升高校学生社会实践活动的影响力。通过网络、报纸、广播等多种形式宣传优秀社会实践活动的社会效益，以及在实践过程中的典型人物、事件、成果等，鼓励更多的高校学生自主地参与社会实践活动，在服务社会的过程中提升素质，全面成长成才。

四、高校学生交往行为管理

交往是社会群体对于个体的必然要求，也是个体具有的社会群体属性的内在需要。在当今社会，交往能力日益成为一个人基本能力与综合素质的重要体现。因此，加强高校学生交往行为管理和引导，对于高校学生正确进行人际交往，促进其自身全面发展具有重要意义。

（一）高校学生交往行为的类型与特点

“交往”一词的原意为“相互往来”，主要表示人与人之间的相互关系。不同的学科对“交往”的内涵有着不同的解释。从哲学意义上看，交往就是指人所特有的相互往来关系的一种存在方式，是人与人之间为了实现改造世界的目的，通过客体中介而开展的相互对话、相互理解、相互影响、相互创造的各种交往实践和所形成的主体间关系。对于高校学生而言，交往行为是其人际交往活动的具体体现。高校学生交往是指在一定条件下，高校学生与不同人群通过一定渠道进行情感交流、信息沟通、物质交换的过程。

1.高校学生交往行为的基本类型

从高校学生成长过程来看，高校学生交往行为是其走向社会化的关键环节。当前，随着社会主义市场经济和高等教育改革的不断深化发展，高校学生的交往活动更为复杂和广泛，交往范围、对象、内容、方式都发生了深刻变化。对高校学生交往行为主要可从以下几个维度进行划分。

（1）按照交往的范围划分。一是个体与个体之间的交往行为，即高校学生作为独立个体，根据自身需求有目的地进行交往的活动，此类交往活动过程中的交往双方能够建立起对彼此的信任和依赖，是高校学生人际交往中最常见的类型。二是个体与群体之间的交往行为，是指一个人和有共同目标的群体之间的交往。具体来说是高校学生根据自己的兴趣、爱好、特长等寻找适合并接纳自己的群体的一种行为。在个体与群体的交往过程中，高校学生期望找到认同感和归属感。三是群体与群体之间的交往行为，是指两个或两个以上群体之间为了实现某种目的而进行的交往活动。比如，班级与班级之间、寝室与寝室之间等以群体形式展开的交往活动。

（2）按照交往的对象划分。一是差异性主体交往行为，主要包括师生交往、学生与家人交往，以及学生与其他相关社会人员交往。在高校，师生交往是差异性主体交往的主要形式。差异性主体交往要求以交往共同体中的每一方都必须保持人格上的独立与平等为基本前提，交往主体相互影响、相互作用、相互渗透。这种交往行为体现了两种“主观性”，所以最复杂、最生动。二是相似性主体交往行为，主要指生生交往，即学生之间通过对话和活动而达成一致的交往活动。

（3）按照交往的内容划分，主要包括学习交往、工作交往和情感交往等。学习交往是指交往双方以学习为目的而进行的人际交往行为，它既包括学生之间通过课堂上的相互讨论，以及课外学习中的互相帮助、相互鼓励等为表现的交往活动，也包括师生之间的教学交往行为。工作交往主要是指在班级、社团等学生组织开展的学生工作中形成的学生交往行为，如参加学生会竞选、举办校园文化活动等。情感交往是指以情感交流为主的人际交往行为，主要包括学生与家庭成员间的亲情交往、与朋友间的友情交往和与异性之间的爱情交往。

（4）按照交往的方式划分，主要包括口头交往、书面交往和网络交往三种。口头交往指以语言交流为主要手段的交往方式，既包括面对面的语言交流，也包括通过电话等形式进行的语言交流。这种交往方式简捷、方便、准确，能够实现充分快速地交流沟通。书面交往即以文字作为交往的主要手段，通过书信、文章等传统交往形式进行思想交流。网络交往主要指学生通过互联网、手机短信等新媒体技术开展的人际交往行为。网络交往具有跨地域性、便捷性、虚拟性等特征，日益成为高校学生开展人际交往的重要载体。

2. 高校学生交往行为的主要特点

从人际关系的发展变化来看，当代高校学生的交往范围逐渐向社会群体转变。从高校学生交往对象、交往形式和交往动机等方面来看，主要呈现出以下三个特点。

（1）从交往对象上看，高校学生交往范围不断扩大。由于当前高校学生学习、生活方式的变化，其交往范围由师生交往、亲人交往、同学交往逐渐扩大，开始跨年级、跨学院，甚至走出校园，出现广泛的社会交往活动。在这一过程中，主要有以下两方面的特点。一是高校学生在交往过程中，往往会根据各自不同的交往程度和兴趣爱好，结成或松散或紧密的交往圈，并且以寝室为核心向班级、学院、学校逐渐扩展，形成开放的人际交往网络。二是其交往对象随年级增长而呈现出阶段性变化。低年级学生以同学间交往为主，但随着年级增长，高年级学生由于受到考研、就业等不同的现实选择影响，出现了明显的分流现象，同学间交往呈下降趋势，与父母、亲友、校外人员的交往成为其交往活动的主要方面。

（2）从交往形式上看，高校学生的交往行为从现实向虚拟方向延伸。新时期，网络技术快速发展，越来越多的高校学生依赖网络虚拟的交往来寻求内心满足感，虚拟交往范围逐步扩大，成为现实交往的重要延伸。高校学生喜欢网络交往，主要是因为网络中的虚拟空间会给他们相对宽松的环境，网络社交能帮助学生缓解现实生活的压力、满足其好奇心，寻求一种角色转换。另外，网络交往通过文字、图像、视频等方式来交流信息、表达情感，其交往方式往往更容易被高校学生接受。

（3）从交往动机上看，高校学生交往行为中精神追求和现实需要并重。一项调研显示，在当前高校学生交往活动中，最主要的交往动机为“欣赏他人个性”“发展共同爱好”“共同学习生活”等。从年级差异上看，低年级学生由于尚未形成很好的人际网络，加上相对陌生的生活环境带来的孤独感，促使他们在交往中除了以共同的精神追求为交往动机，更侧重“结伴学习生活”这一现实需求。高年级学生已经逐步适应了大学的学习生活方式，独立自主的意识增强，对于人际交往的精神需求加强，他们更注重共同的价值观念和人生理想。另外，随着就业、考研等现实性问题的出现，高年级部分学生愈加注重人际关系对自我未来发展的实用性，在注重共同兴趣的基础上，部分学生的交往动机也明显呈现出实用性倾向。

（二）高校学生交往行为的管理与引导

高校学生处于渴望交往、渴望尊重的心理发展阶段。良好的人际交往能够有效促进高校学生的社会化，提升高校学生综合素质，为其个性发展与完善创造条件。一般来说，教育管理者可以通过交往观念引导、提高交往能力及解决交往过程中的冲突等方面来帮助高校学生，使其建立和谐、健康的人际关系。

1. 积极引导高校学生树立正确的交往观念

当代高校学生的交往活动逐渐走出校园、走向社会。由于高校学生生理、心理处于逐渐成熟阶段，人生阅历和人际交往经验不足，往往缺乏科学的交往观念，造成人际关系紧张。因此，在高校学生交往行为的管理引导过程中，首先应该帮助高校学生确立基本的交往原则、交往规范，使其形成正确的交往观念，引导高校学生在交往活动中，明确平等尊重、团结互助、诚实守信等基本行为规范，遵循《高等学校学生行为准则》的基本要求，树立符合社会主义核心价值体系的科学交往观。

具体来说，要从以下几个方面进行教育引导。一是将弘扬优良传统与弘扬时代精神相结合，在高校学生中广泛宣传社会主义荣辱观、《公民道德实施纲要》中人际交往的基本规范，树立文明交往典范，鼓励高校学生通过民主讨论、辩论、演讲等方式认同和接受正确的交往观念。二是从日常生活入手，坚持将日常行为规范渗透到高校学生学习、生活的各个环节，在寝室、班级内营造互帮互助、团结友爱、积极向上的交往环境，从而引导高校学生共同构建和谐向上的人际交往环境。三是通过典型案例，帮助高校学生了解错误交往观带来的危害，有力批评见利忘义、损人利己等背离社会主义核心价值体系的错误言行和丑恶现象，帮助高校学生明辨是非，引导他们积极抵制错误的交往观念和交往行为。

2. 积极开展交往训练，在交往实践中有效提升高校学生的交往能力

交往训练是以提高高校学生交往能力为宗旨、促进高校学生社会化为目的的一种教育形式。教育管理者必须帮助学生明确正确的交往目的，选择正确的交往对象，鼓励学生参加各种交往活动，增强他们人际交往的信心。要强化交往实践训练，引导高校学生学习个性化的交往技巧，在表达能力、认知能力和控制能力等方面不断加强锻炼，从而提高其对人际关系的感受、适应、协调和处理能力。一般来说，交往实践的训练可以通过两个方面进行。一方面，可以通过积极组织丰富多彩的校园文化活动，加强同学之间的交流和沟通，通过丰富多样的学生群团组织让学生体验不同的社会角色，使学生能够有意识地进行交往，引导学生尽可能扩大自己的交往范围，主动参与交往活动，主动与他人建立社交关系，从而在具体的交往环境中学习基本的礼仪知识、交往策略，不断在体验中获得交往经验。另一方面，教育管理者可以着力强化班集体、宿舍、社团等学生交往载体建设，营造良好的群体交往环境，通过群体的健康氛围来影响个体学生的交往心理，进而为学生创造交往机会，提升其人际交往能力。

3. 建立高校学生交往冲突的预防和处理机制

在高校学生人际交往行为中，预防和处理交往冲突是做好交往教育、引导工作的重要环节。由于高校学生的人际交往活动具有隐蔽性和不可预测性等特

征，高校在实际工作中必须建立有效的交往冲突预防和处理机制，才能有效保障高校学生交往行为的正常进行。

（1）要积极建立预防机制，对学生人际交往冲突进行针对性预防与引导。首先，应广泛关注高校学生的日常思想动态，及时发现存在人际交往困难的学生，对于学生中容易出现的交往问题进行早期预测预警，通过发现和识别潜在的或现实的不稳定因素，有针对性地采取防范措施。比如，针对高校学生人际交往及时开展教育引导和案例分析，帮助学生正确认识交往冲突，了解正确处理冲突的方式方法。其次，应拓展师生交往渠道，充分发挥辅导员、学生干部、学生党员的力量，建立起网状的学生观测点，对于具有人际交往问题的学生多给予关注，及时对其进行心理疏导，将日常交往中容易出现的矛盾冲突化解在萌芽状态。

（2）交往冲突发生后，要妥善化解和处理学生的交往矛盾。针对学生的交往冲突，教育管理者应保持理性，迅速找出冲突的内在成因，帮助学生缓解交往中的压力，进而做好交往引导，提供疏导交往冲突的渠道。常见的办法主要包括以下两个方面。一是当冲突微不足道或双方需要时间恢复情绪时，应采取冷处理，缓解双方情绪，避免冲突升级。二是针对冲突升级，并且造成人身伤害或财产损失时，应依据学校相关管理规定，视情节给予警告、记过甚至开除学籍处分，对于造成严重后果的，可报送司法部门依法进行处理。此外，教育管理工作者应及时、准确地上报冲突双方信息，通过学校相关主管部门采取适当的方式进行教育、引导。

由于高校学生管理工作是面对不同地域、不同环境、不同时间的不同学生展开的，以上所介绍的主要是引导和管理高校学生交往活动中一般性的方式方法。教育管理工作者在处理学生交往行为的实际工作中，应根据具体情况进行灵活调整，做到因人而异、因时而异，创造性地预防和处理学生交往问题。

五、高校学生消费行为管理

随着社会物质文化生活水平的提高，高校学生的消费水平、消费方式、消费层次和消费观念发生了显著变化。目前，从整体上看，多数高校学生的消费行为较为理性，但是也出现了一些无计划消费、盲目攀比、奢侈浪费等问题。因此，关注高校学生消费行为，引导他们树立正确的消费观念，提升其理财能力，成为当前高校学生行为管理的重要课题。

（一）高校学生消费行为的类型与特点

随着社会消费水平的提高，高校学生消费行为也在不断变化。在满足基本生存需要的基础上，高校学生消费内容逐渐多样化，消费观念日趋多元化，由此也不免出现一些不合理的消费行为。教育管理者要正确认识和把握高校学生消费行为的类型和特点，并且对其进行科学的引导和管理。

1.高校学生消费行为的基本类型

当代高校学生消费形式多样，按照不同的消费目的与消费内容，高校学生消费行为可以划分为学习消费、生活消费、交际消费、文化消费等多种类型。

（1）学习消费。一般来说，高校学生在学习方面的支出所占比重较大，其中包括学费、教材费、辅助性学习资料费等。近年来，考取各种资格证在一定程度上成了高校学生学习消费的新领域。除大学英语四六级证书、计算机等级证书外，逐渐兴起的职业技能鉴定部门组织的证书考试，如导游资格证、心理咨询师资格证也占有一定比重。此外，韩语、日语、西班牙语等第二外语培训，雅思、托福考试也成为高校学生学习消费的新项目。

（2）生活消费。高校学生用于衣、食、住、行等方面的生活消费一直是高校学生消费的主要方面，具体包括饮食、交通、服装、饰物、生活用品等。随着社会生活水平的提高，高校学生生活消费中用于满足基本生存需要的比重逐渐降低，在消费时更加注重生活质量的提升。

（3）交际消费。近年来，高校学生用于在校与人交往联络的交际消费支出日益增多，成为高校学生消费行为的主要类型之一。高校学生群体思维活跃、个性鲜明、交流广泛，加上社团和兴趣小组组织开展的文化活动，使高校学生交际日趋频繁而多样化，其交际消费在整个支出中的比重也有所增加。

（4）文化消费。文化消费是指高校学生用文化产品或服务来满足精神需求的一种消费，包括教育、文化娱乐、体育健身、旅游观光等方面的消费。这种消费活动实际上是对学生精神生活需要的满足，对于高校学生来讲是必不可少且非常重要的。

2.高校学生消费行为的主要特点

高校学生经济尚未独立，消费行为受到家庭条件的制约，但他们的消费需求又较为强烈，消费意识、消费观念也相对超前，因此高校学生消费行为呈现出自身的特点。具体来讲，主要表现在以下三个方面。

（1）消费内容多样化。受我国经济发展水平的影响，改革开放初期，高校学生的消费主要是生活消费，其余部分也多会用来购买与学习相关的用品和自己喜欢的书籍，用于娱乐和享受的费用相对较少。如今，高校学生具备充足的消费时间和便利的消费条件，并且随着经济的迅速发展，市场消费产品丰富，高校学生群体的消费观念也发生了变化，其消费不再局限于满足日常学习和生活，文化消费和精神消费额度逐渐提升，消费内容日趋多样化。

（2）消费水平两极分化。由于各自家庭经济条件不同，高校学生的消费结构、消费水平呈现出很大差异。消费结构上的差异不仅是高校学生思想观念、学习观念、生活观念在消费行为中的具体反映，还在某种程度上体现了社会生活中的现实差距，这种现实差距会深刻地影响高校学生的心理成长。消费水平的现实差异很可能使高校学生之间产生对立效应，进而产生一些消极的对立行为，高校学生管理工作者对此应予以重视。

（3）消费合理性与盲目性并存。一方面，大多数学生能够在消费活动中充分发挥自身主观判断能力，在消费过程中认真思考，通过一定的比较后，从实际需要出发进行合理的选择，能够在消费活动中做出理性的决策。另一方面，由于目前高校学生的大部分生活经费主要由家庭供给，部分学生缺乏理财观念和能力，在消费时具有一定的盲目性，出现了盲目消费和高档消费，甚至引发负债消费的问题。高校学生管理工作者要准确掌握这些问题，不失时机地引导学生树立理性的、科学的、长远的消费观念。

（二）高校学生消费行为的管理与引导

消费从表面上看是个体行为，但是从更深层次来看，高校学生消费心理、消费意识是一种精神文化现象，对于学校和社会风气的形成具有深远的影响。高校教育管理者需要从以下三个方面对高校学生进行管理和引导。

1.进行分类教育，引导高校学生树立正确的消费观念

高校教育管理者应该从高校学生的消费观这一源头入手，培养学生勤俭节约、艰苦奋斗的价值观念。不同经济条件和年级阶段的学生的消费行为存在一定差异，高校教育管理者应加强分类教育，加强教育的针对性，引导高校学生树立科学的消费观念。对于经济条件相对较好的学生，倡导积极的消费文化，通过志愿服务、社会实践等途径锻炼这部分高校学生，使他们在实践中提升生活品位，树立追求丰富的精神生活的观念，引导其着眼于未来的发展型消费。针对经济条件较差的高校学生，高校教育管理者应该鼓励他们自强、自立，为他们提供更多的勤工助学岗位，同时发挥榜样示范作用，在学生中选取勤俭节

约、逆境成才的典型，通过“身边人讲述身边事，身边事影响身边人”的形式引导学生树立科学、正确的消费观念。

2. 提供理财指导，提升高校学生科学规划消费行为的能力

学会理财是高校学生能够独立自主生活的重要条件之一，理财指导的核心是引导、教育高校学生合理分配生活中的各种消费支出，使其发挥最大效益。高校教育管理者应从和学生生活息息相关的内容入手，帮助高校学生树立科学的理财意识，鼓励他们更多地关注自主成长和职业发展的需要，增加发展型消费的比例。一方面，对高校学生进行理财规划指导，引导学生每个月做好消费计划，量入为出，科学合理消费，控制自己每个月的消费上限，并且能够详细记录每一笔消费，形成计划性强且富有弹性的消费习惯，不盲目攀比、超前消费。另一方面，引导学生提升发展型消费比例。开展消费行为认识活动、自我理财方法指导，帮助高校学生正确分析自我消费需要的种类、层次，合理分配用于生存、享受和发展等方面的消费支出。引导学生根据自己的实际情况，提高消费结构中的文化、教育的比重，从而实现最大的消费效益，满足自身成长成才的需求。

3. 多渠道约束和监督高校学生消费行为，形成教育合力

高校学生的消费行为是高校学生个人与环境交互作用的结果。虽然高校学生消费具有较强的自主性，但学校内外的环境也会对其消费行为的方向和方式产生重要影响，因此要整合学校内外的各种教育资源，多渠道引导高校学生理性消费。从学校来看，为了维护正常的教学秩序，保证高校学生的健康成长，要从制度上进行明确的规定。比如，从公寓管理的角度限制高校学生因娱乐而晚归或不归的行为，明令禁止抽烟、酗酒行为等。从家庭教育来看，加强父母对子女教育的参与度，学校应设法为家长提供教育、沟通的渠道，及时通报学生的在校情况。父母不应该只是教育经费的提供者，也应该扮演引导和帮助孩子成长成才的角色。从社会氛围来看，营造健康向上的消费文化，为高校学生理性消费创造条件，从舆论上反对拜金主义和享乐主义。从学生自身来看，应充分发挥学生自我管理能力，引导班集体、寝室等学生主要的生活群体，通过制定学生消费行为准则等方式，促使学生对消费行为进行自我监督、自我约束，养成健康文明的行为方式和生活习惯。

六、高校学生网络行为管理

从 20 世纪 90 年代开始，中国互联网进入普及和应用的快速增长期，对人

们的社会行为方式产生了深远的影响。高校学生作为活跃的网民群体之一，其学习、生活和情感等领域的行为方式均受到深刻影响。因此，科学、有效地对高校学生网络行为进行管理与引导，已成为新时期高校德育工作的重要课题。

（一）高校学生网络行为的类型与特点

高校学生网络行为主要是指高校学生作为网络用户进行获取信息、交往、商务和娱乐等网上活动。新时期网络技术的快速发展，满足了高校学生的学习、生活和交往的需要，高校学生的网络行为具有鲜明的主体特征和时代特征，并且将随着网络的发展不断变化。

1. 高校学生网络行为的类型

随着网络技术的迅速发展和计算机在高校学生群体中的普及，高校学生的网络行为种类繁多，按照行为目的划分，主要有以下四种类型。

（1）学习型是指利用网络流量信息获得学习资源的行为类型。由于网络信息资源传播快速便捷、传播量大，高校学生通过网络获取学习资源的行为方式不再受时间、空间等客观因素的约束，可以极大地满足学习需求，成为高校学生网络行为的首要目的。

（2）休闲娱乐型是指以休闲娱乐为目的的网络行为。随着网络功能的多元化发展，高校学生可以利用网络平台交流情感、获得信息、进行课余消遣。高校学生网上休闲娱乐的方式主要有在网络上浏览新闻消息、阅读休闲娱乐性网络作品、参加网络游戏、聊天交友、在线视听等。

（3）交往型网络行为主要包括两种情况。一是通过上网寻求人与人之间的相互关心、相互理解和相互尊重，以爱情和友谊的表达为主要话题，主要方式有网上交友、网恋等。二是通过网络倾诉，转移和宣泄自己在现实生活中产生的心理压力，获得一定的心理治疗效果。

（4）电子商务型是指近年来以创业、营利为目的，在网络环境下开设店铺，进行网上购物、在线电子支付等各种交易活动、金融活动和相关的综合服务活动的一种新型的网络行为。

2. 高校学生网络行为特点

近年来，互联网络迅速发展，并且以其信息容量大、覆盖面广、传输快捷和交互性强等优势深入高校学生的学习、生活和交往领域，成为不可或缺的重要部分。高校学生已经成为信息时代重要的网络体验者和推广者，其网络行为呈现出以下特点。

（1）虚拟性强，现实性弱。虚拟性是互联网的主要特征，互联网具有信息丰富、交往隐匿等特点，可以有效突破和改变高校学生在现实社会人际交往中的时间、空间上的局限性，有助于拓展社会关系。作为网络虚拟世界里的一员，高校学生可以用虚拟的形象出现，按照自身的意愿来设计自己在网络上的形象和语言，以便广泛地融入不同的社会群体，其行为呈现出很强的虚拟性。同时，部分高校学生在虚拟的网络世界中，虽然能够暂时摆脱现实生活的压力和烦恼，获得一定的认可度和满足感，但这只是通过特殊网络环境使人产生的错觉，并非真实的存在，故其行为又呈现出现实性弱的特征。高校学生如果长期沉溺于虚拟的网络世界中，就容易引发各种心理问题，影响现实交往能力，对个体的个性发展、人格完善和身体健康都会产生不利影响。

（2）开放性强，规范性弱。互联网的发展有效地缩短了信息传播的时空距离，使每个高校学生都可以通过网络自由获取信息资源、自主表达思想观念，满足自己在学习、生活、交往等方面的需求。高校学生作为青年群体愿意接受新的事物和观点，尝试新颖的生活方式，自由、开放、平等的互联网环境为其提供了这样的机会。因此，高校学生的网络行为表现出开放性强的特征。目前，对于高校学生的网络行为尚未形成统一的规范标准，加上网络环境中身份的虚拟性，部分高校学生不能有效约束自身言行，因此高校学生的网络行为又呈现出规范性弱的特征。

（二）高校学生网络行为的管理与引导

加强对高校学生网络行为的管理和引导，帮助高校学生提升个人网络综合素质，明确网络行为目标，规范网络行为方式，引导高校学生网络行为朝着健康、科学、文明的方向发展，是新形势下高校教育管理工作者所面临的重要课题。

1. 加强网络教育阵地建设，积极弘扬主旋律

教育工作者要利用校园网为高校学生学习、生活提供服务，对其进行教育和引导，不断拓展其思想政治教育的渠道和空间。具体来说，教育管理工作者应清醒认识网络等新媒体技术的积极作用，积极完善网络教育阵地建设，不断强化正面引导。一方面，应善于利用现有微信、抖音、QQ 群等深受学生喜爱的网络载体，传播社会主流思想意识，强化网络互动与成才指导，增强教育管理工作的针对性和感染力；另一方面，应主动学习并利用先进信息技术，加快学院、班级、寝室的网络信息化建设，建设一批有特色、有吸引力、有影响

力的综合性教育网站，打造集教育性、服务性、趣味性于一体的网络教育新阵地。

2. 强化网络素养教育，提升高校学生自我教育、自我管理的综合能力

虽然高校学生的网络行为会受法律法规及道德规范的制约和影响，但高校学生要想形成良好的网络行为规范，最终还需要不断提升自己的网络自律意识。对高校教育管理工作者而言，首先，要着重加强学生的自我教育，通过采用价值澄清法、角色扮演法等方式，培养高校学生自省和批判的意识，提高其判断能力，以此来构建“网络的第一道防火墙”。其次，积极帮助学生正确比较、分析、甄别网络信息，帮助学生学会区分不良网络信息，并且有针对性地开展网络安全教育，提高其安全防范意识，引导其自觉规范网络行为。

第二节　高校学生群体组织管理

一、高校学生群体组织管理概述

高校学生群体组织作为一种学校教育组织，是高校学生实现自主发展的主要途径，同时也是开展高校学生思想政治教育的重要载体，研究高校学生群体组织管理的内涵和特点是对其进行科学管理的基础和前提。

（一）高校学生群体组织的内涵

《辞海》中，对“组织”的解释是“按照一定的目的、任务和形式加以编制”，也指“编制的集体”，是“组织的形式或组成部分之间的关系”。组织行为学将“组织”定义为“为了达到个体和共同目标而一起工作的人的集合”。组织之所以存在，是因为它能够满足人们日常生活和社会活动的种种需要。管理学认为，“就组织特定的内涵而言，组织是按照一定的目的和形式而构建起来的社会集团”。组织为了满足自身运作的要求，必须要有共同的目标、共同的理想、共同的追求、共同的行为准则以及相适应的机构和制度。[①] 巴纳德将组织定义为“有意识地加以协调的两个或两个以上的人的活动或力量的协作系

① 徐庆凯，秦振庭 . 辞海论 [M]. 上海：上海辞书出版社，2015：116.

统”。归纳起来，我们可以将高校学生群体组织界定为两个或两个以上具有某种相似性的高校学生为了实现一定的目标，按照某种特定的方式联系在一起开展活动的群体。①

高校学生群体组织的产生是高校学生内在心理需要和教育目标、教育规律相互作用的结果。高校学生内在心理需要主要体现在三个方面。一是情感交往的需求。大学期间学生的交往需求比较迫切，他们渴望与他人交流，希望得到同龄人的关注以摆脱初入学时的孤独感，希望通过突破原有的个人生活、学习圈子，开阔视野、丰富自己的生活。因此，大部分高校学生对于参加集体活动非常积极，这也是高校学生群体组织形成的一个重要原因。二是获得认同感的需求。高校学生希望在学习、生活和交往等方面显示自己的才能，发挥自己的作用，得到社会和他人的认可。学生组织通过开展各种比赛、表彰活动等，为学生提供认识并实现自身价值的机会，从而满足学生获得认同感的需要。三是实现自我发展的需求。随着社会发展进程的加快，竞争越来越激烈，高校学生从入学开始就意识到未来考研、就业的压力，这种危机意识使其自我提高的要求增强。学生组织开展各类培训、竞赛的目的都是培养高校学生的能力和素质。学生通过参与活动可以锻炼能力、提高素质，实现自我发展。

高校学生群体组织有多种分类方式，根据高校学生群体组织的组织机构完整性和紧密性，可分为正式群体组织和非正式群体组织；根据高校学生群体组织真实存在与否，可分为假设群体组织和实际群体组织；根据高校学生群体组织的目标和性质，可分为政治型群体组织、学习型群体组织和兴趣爱好型群体组织等。本书中，我们选取正式群体组织和生活群体组织这两类特定的学生群体组织进行深入探讨。

（二）高校学生群体组织的特点

高校学生群体组织是在高校这个特殊的环境中形成的青年人组织，和社会其他组织相比，有自己独特的活动目的、活动形式和组织文化，其特点主要体现在以下几个方面。

1. 相似性

高校学生群体组织一般都是由年龄相仿的学生组成的，他们在成长环境、思想、心理和目标上都有一定的相似性。首先，高校学生群体组织成员接受的

---

① 邓美林，戴倩，尹晓晴 . 浅析高校学生“话语共同体”[J]. 亚太教育，2015(14)：188.

教育程度相当，这就决定了他们相同或相似的认知水平和思维方式。其次，高校学生群体组织成员处于同一个年龄段，思想、心理特点较为相似，在一些基本问题的认识上存在着相似性。再次，高校学生群体组织中的大多数成员有着相近的理想和目标，追求个人专业知识的丰富和综合能力的提高，寻求良好的工作、学习和深造的机会。最后，高校学生群体组织之间虽有不同的组织形式和特定的组织目标，但在最根本的发展方向和成长目标上是相似的。

2.年轻化

同其他社会组织相比，高校学生群体组织的成员大多处于青年期，精力充沛、思维活跃，加上高校学生自身逻辑思维、抽象思维能力逐渐提高，个人价值追求和个人能力提升的目的明确，因此他们在学习、生活等方面会表现得较为积极、活跃。但与此同时，年轻化也带来了不确定性。高校学生正处于世界观、人生观、价值观确立的关键时期，受到社会多元价值观念和多种复杂问题的影响，会表现出价值判断和情绪的不稳定性。除此之外，高校学生群体组织成员的流动性强，新成员带来新的思想观念和活力，影响、冲击着组织原有的行为体系，因此高校学生群体组织又具有不确定性。

3.互动性

互动是指个人与个人、个人与群体、群体与群体之间通过信息传播而开展的相互依赖的社会交往活动，是指各种因素之间相互影响、相互促进、互为因果的作用和关系。高校学生群体组织的一个重要特征就是互动交往，高校学生组织成员的互动交往与其他社会组织的互动交往之间，既有相同点，又有不同点。相同点在于如果高校学生组织成员之间不产生任何形式的互动，就不能产生关系，也就不可能形成组织。不同点在于高校学生群体的交往互动具有全面性、深刻性。高校学生处于相对自由的环境中，社会关系比较简单、清晰，他们在学习、实践的过程中逐渐走到一起，交流、讨论，形成互动。高校学生之间的接触和交往程度、交流内容涵盖大学生活的各方面，如学习探讨、思想沟通、娱乐休闲、工作交流、生活互助等。与社会其他组织相比，高校学生群体组织的互动是更全面的。同时，高校学生是大学校园活动的主体，是各类学生组织的组织者、管理者和参与者，在参与组织活动和管理团队的过程中，高校学生要彼此信任、详细分工、密切合作，因此他们的交往和互动更为深刻。

4.文化性

高校的文化建设在社会文化的发展中具有重要的引领作用。在这种背景下形成的高校学生组织，其文化特征应是高品位、高知识含量的。高校学生组织成员是由高学历成员组成的，他们学习科学知识，掌握科学技术，这从知识层面上体现了高校学生组织的高品位文化特征。同时，由于高校素质教育的推行以及高校学生自我价值的实现需求，高校学生提高自我素质的自觉性和主动性不断加强，聚合成高素质水平的高校学生组织，这也体现了高校学生组织的文化特征。

（三）高校学生群体组织的管理

高校学生群体组织的管理是指高等学校的领导及管理人员，为实现高等学校学生群体组织的培养及管理目标，按照国家的教育方针和各项政策法令，科学且有计划地组织、指挥、协调群体组织内部的各种因素，包括人、物、时间、信息等，并且对其进行预测、计划、反馈、监督。

高校学生群体组织管理工作是高校学生管理工作的重要组成部分，是体现学校管理工作水平高低的重要标志。近年来，随着我国高等教育事业的不断发展，高校学生群体组织的管理越来越受到重视。面对新形势、新特点，高校学生群体组织的管理工作者需要与时俱进，更新管理观念，提升管理技能，努力实现学生群体组织管理工作的系统化、现代化、规范化和科学化。高校学生群体组织的管理工作者要做到以下几点：首先，要加强对高校学生群体组织的思想政治教育管理，引导其树立正确的价值取向；其次，要创新高校学生群体组织的行为管理，适应其行为的发展变化趋势；再次，要完善对高校学生群体组织的制度管理，引导其走向规范化；最后，要加强对高校学生群体组织管理的研究，探讨如何使对高校学生群体组织的教育与管理工作更加科学化。

二、高校学生正式群体组织管理

以党团组织和班级为基础的正式群体，是高校学生融入校园生活的基本载体。要切实加强对党团组织和班级的引导与管理，并以此为基础帮助学生进一步坚定理想信念，形成健康文明的生活方式，提升情趣、增长才干。

（一）高校学生正式群体组织的内涵及特点

1. 高校学生正式群体组织的内涵

高校学生正式群体组织是大学校园内相对稳定的学生群体组织形式，主要包括学生党组织、学生团组织、班集体、学生会等。

高校学生党组织设立党总支、党支部、党小组等，是党在高校的基层组织的重要组成部分，是党在高校保持战斗力的重要基础。高校学生团组织在学校党委领导下开展工作，主要有团委、分团委、团总支、学生团支部等，是联系青年学生的重要纽带和桥梁，是党的助手和后备军，是团员青年学生的忠实代表。团组织的性质决定了其在全面推进高校学生素质教育，培养合格人才的工作中肩负着责无旁贷的历史责任。

班集体作为学校教育教学的基本单位，是学生共同成长的重要组织，它以健全的组织形式发挥着管理功能。班集体有明确的规章制度、有健全的管理机构，学生在现实生活中的许多问题都是通过班级来解决的。班集体作为高校在校学生的基本组成形式，其凝聚力是无形的、强大的，对班集体成员起着激励和约束的教育作用。良好的班风对每一位学生的价值观念、行为规范、学习风气等方面都有着潜移默化的引导作用。

高校的学生会组织是在学校党委的领导和学校团委的指导下形成的学生群众性组织，是全校学生利益的代表。学生会是联系和沟通学生与学校党政部门的重要桥梁和纽带，以营造良好的学术氛围、增强校园文化底蕴为工作重点，进行自我教育、自我管理和自我服务。同时，学生会还是学校有效开展校务管理，实现学校育人目标的重要支撑力量。《中华全国学生联合会章程》要求，高校学生会要遵循和贯彻党的教育方针，组织同学开展学习、科技、文体、社会实践、志愿服务等多种活动，促进同学全面发展；维护校规校纪，形成良好的校风、学风，促进同学之间、同学与教职员工之间的团结，协助学校建设良好的教学秩序和学习、生活环境；组织同学开展勤工助学、校园公益劳动等自我服务活动，协助学校解决同学在学习和生活中遇到的实际问题；沟通学校党政与广大同学的联系，通过学校各种正常渠道，反映同学的建议、意见和要求，参与涉及学生的学校事务的民主管理，维护同学的正当权益。可见，学生会是高校学生正式群体组织的重要组成部分。

2. 高校学生正式群体组织的特点

高校学生正式群体组织具有健全的组织机构、完备的组织制度，以及很强的凝聚力。正式群体组织是思想政治教育的重要载体和依靠力量，是沟通学校与学生的桥梁和纽带。高校学生正式群体组织的特点表现在以下几个方面。

（1）具有较强的方向性。高校学生正式群体组织是为了完成某一特定功能而建立起来的，具有较强的方向性和目标性。例如，学生党团组织是上级党团组织为了实现对于基层党员、团员进行有效管理而建立的组织，它具有很强的政治性，承担着传播主流价值观和党的路线、方针、政策，有效贯彻党的政治主张、基本路线和基本纲领等政治任务。班级是为了完成大学学习功能而形成的群体组织，其基本功能是接受教育或学习。学生会是为了促进学生自我教育、自我管理、自我服务而统一建立的自治组织。因此，相对于其他群体组织来讲，正式群体组织的目标更加明确，方向性更强。

（2）具有较强的规范性。高校学生正式群体组织基本属于“科层制”管理模式，即组织有极其严格的规章制度和等级制度，下级服从上级是基本的组织纪律，具有较强的规范性。学生党团组织要遵循党章、团章以及学校基层党组织的相关规定和要求，在学校党委及其职能部门、校团委和院系党团组织的领导、指导下开展工作。班集体作为高校管理的基本单位，有健全的管理制度，规范着班级管理的各个基本环节和学生的基本行为规范。学生会虽具有一定的自治性，但直接接受党团组织的指导，具有严格的章程、科学的机构设置、明确的工作要求和严格的考核制度。

（3）具有较强的凝聚力。从行为科学角度来看，凝聚力既包括群体对成员的吸引力和成员之间的吸引力，又包括成员对群体的向心力。高校学生正式群体组织有着很强的凝聚力，体现在党员、团员和普通学生对党团组织的忠诚和拥护。班集体主要通过良好的班风和班级文化来凝聚人，其凝聚力体现在学生能够形成很强的集体主义观念。学生会主要通过和谐健康、积极向上的文化氛围和学生自我管理的有效实现凝聚人，其凝聚力体现在学生对学生会组织活动的认可与参与。

（4）具有较强的先进性。与其他组织不同，正式群体组织在选拔、考核、晋升学生干部时把学习成绩、工作能力，以及生活、学习作风作为必要条件。学生干部的选拔、培养是一种先进模式，这使正式群体组织成为优秀学生会聚的组织团体。

（二）高校学生正式群体组织的管理与引导

高校学生正式群体组织是学校教育管理的基本单位，是学生思想政治教育的主要载体。对于正式群体组织的管理和引导要符合其自身特点，突出其思想政治教育功能，创新其教育管理手段。

1. 以思想建设为核心，加强正式群体组织的先进性建设

加强正式群体组织的思想建设，主要是在正式群体组织中普及以社会主义核心价值体系为主要内容的理论思想，加强正式群体组织对重要时政内容的深入了解，加深其对世界局势和国情、社情的认识，提升成员的政治理论素养。

加强正式群体组织思想建设的具体实施方法包括以下两点。一是通过理论学习增强正式群体组织的先进性。党团组织要定期开展政治理论学习，班级要通过班会等形式定期宣传党和国家的重大时事和政策，学生会组织要通过定期组织讲座、培训增强学生会干部的政治敏感度和政治鉴别力。二是通过制度建设保障正式群体组织的先进性。

在加强正式群体组织思想建设的过程中，高校的教育管理工作者要强化全程监督和效果反馈，以保证思想建设目标的实现。具体包括以下几点：第一，要建立健全管理制度，如班级管理制度、学生会管理制度，财务管理制度、物品管理制度等，规范正式群体学生的基本行为和管理的各个基本环节；第二，要建立健全制度运行机制，将正式群体组织的发展纳入学校教育管理的环节；第三，要建立健全正式群体组织的竞争和激励机制，如优秀学生干部评比、优秀党员、团员评比等；第四，要建立健全正式群体组织的考核和评价机制，如学生干部量化考核机制、学生干部职务晋升机制等。积极推进正式群体组织的制度建设，提升管理效率，促进正式群体组织的健康发展。

2. 以学生自我教育为重点，充分发挥正式群体组织的朋辈效应

朋辈效应是指具有相同背景或共同语言的人在一起分享信息、观念或行为技能，以实现教育目标的教育方法。朋辈之间鸿沟小、防御性低、共通性强、互助性高，具有先天的优势。正式群体组织中的核心成员大都是学生中的优秀分子，这为朋辈教育活动的开展奠定了坚实的基础。一是要重视正式群体组织中学生骨干人才的培养，强化典型示范作用。学生骨干在正式群体组织的管理中扮演着重要角色，他们处于高校学生管理教育的第一线，是各种学生活动的策划者、组织者、实施者和参与者。学生骨干一般具有良好的群众基础，发挥着先锋模范作用，能够通过自身感染同学。高校教育管理工作者要善于发挥学生骨干的示范作用，积极创造普通同学与他们交流的机会，如先进事迹报告会、学习经验交流会、表彰大会等活动，以骨干学生的先进思想和典型事迹引导学生思考，把社会对人才的要求转化为受教育者的自我要求，从而实现学生的自我教育。二是要依托互助小组等形式，搭建朋辈间交流互助的平台。高校学生处于同一个年龄段，彼此之间有很多共同语言，容易实现良好的沟通和互动。通过在班集体中设立学生心灵使者、贷款联络员等形式，搭建朋辈间相互影响、彼此帮扶的桥梁，并且以此为依托提升群体成员自我认识、自我监督和自我评价的能力。

3. 以活动创新为导向，增强正式群体组织的生机活力

保持高校学生正式群体组织的生机与活力是其持续发展的前提。开展形式多样、内容丰富的创新性活动能够在激发学生学习和生活热情的同时，增强正式群体组织的生机与活力。一是创新组织管理模式，注重激发学生的主体意识，培养学生的综合素质能力，引导学生改变以往依赖指导教师组织开展活动的方式，鼓励学生根据专业特征和兴趣，自主选择、创新活动的内容和形式。将传统的“自上而下”的强行推进，变为“自下而上”的共同推进，充分发挥学生的积极性和创造力。二是创新活动内容，开展活动是正式群体组织的主要行为方式之一，活动内容的创新有助于提高活动质量、实现活动目标。开展的活动要既传承经典又紧扣时代主题，选择新形势下的新内容是活动内容创新的重要方向。三是创新活动形式，高校教育管理者要始终坚持理论联系实际的原则，有意识地引导学生改变以往较为枯燥的，带有强制性、约束性的活动形式。通过加强学习和广泛调研等方式积极探索、借鉴新型的活动组织形式，增强活动的新颖性，增加活动对学生的吸引力和感染力。例如，开展学生党支部“社会主义核心价值观”知识竞赛、红歌会等。高校教育管理者也要善于组织实践活动，引导学生在实践中增长才干，进而带动正式群体组织不断成熟和发展。

三、高校学生生活群体组织管理

寝室是高校学生群体在高校学习、生活、交往的一个重要的空间环境。从其功能来看，它是高校学生进行思想文化交流的主要阵地之一。以寝室为主要载体的生活群体组织的构建和发展影响着每一名高校学生，因此对生活群体组织进行有效的管理和引导，是高校学生群体管理的一个重要方面。

（一）高校学生生活群体组织的内涵及特点

1. 高校学生生活群体组织的内涵

高校学生生活群体组织是以生活区域和范围划分的学生群体，生活群体组织是高校学生入学时，根据院系、专业、年级、班级等条件自动生成的，可以按生活园区、公寓楼、楼层、寝室等划分，其中寝室是生活群体组织的基本形式。

寝室是高校学生日常生活和学习的主要场所，也是课堂之外进行学生管理的重要阵地，是学生集生活、休息、学习、能力培养、思想交流和信息沟通等

功能为一体的综合性场所。如今，高校学生寝室的功能也已经从早期的单纯提供住宿服务拓展出更多功能，如培养学生良好的生活习惯、培养优秀的思想品质、提高与人交往的能力等。寝室成员之间探讨问题、获取信息、交流思想、开展健康有益的活动，已成为高校学生学习生活的重要组成部分，所以需要高校学生管理者进一步加强科学管理。

2. 高校学生生活群体组织的特点

（1）以寝室为中心。学生寝室是高校学生日常生活的主要区域，以生活园区、公寓楼、楼层等划分的生活群体都是以寝室为基本单位而形成的，并且围绕寝室这一中心发挥其功能。一方面，寝室是高校学生离开家庭后的新居所，寝室成员成为高校学生最初和最基本的共同生活对象。进入大学，青年的生活圈由中学时期以班级或小组为中心转为以寝室为中心，成员之间的关系由天南地北、完全陌生变为同处一室、朝夕相处。高校学生进入高校以后，通过军训期间的生活接触，寝室成员相互熟悉和了解的程度大于其他群体组织的成员。另一方面，高校学生常以寝室为单位进行各种活动和交往。随着逐渐适应高校学习生活，高校学生的生活交际圈不断扩大，寝室内部成员的行为保持较高的一致性，通常是一起进行各种活动和与外界交往的，这在大一、大二年级表现得更为突出。例如，高校学生往往根据自己和寝室其他成员的需要，集体参与高校学习生活中的活动，如联谊寝室、文体活动等。

（2）稳定性强。稳定性主要体现在三个方面。一是群体成员的构成上比较稳定。寝室成员自入学之日起，一般要共同生活到毕业，较少有人员流动。在大学的学习生活中，寝室同学之间认识最早、接触最多、了解的时间最长，成为相对固定的群体。二是群体成员的学习生活状态相对稳定。寝室原则上是根据学生学习和生活的需要确定的，其成员在大学学习生活过程中，有共同的理想和相对一致的学习目标。寝室成员每天一同去教室上课、去图书馆读书，因此也具有相对一致和稳定的生活状态。三是群体成员的关系相对简单，大多是由寝室长负责一些具体的事务，没有复杂的组织机构，也没有复杂的人际关系，不存在“等级”“层次”等划分，寝室成员之间的关系一般变化不大。

（3）归属感强。生活在同一寝室的高校学生由于朝夕相处，成员之间一般都会建立起一种经常、持续的互动关系，其交往程度更为深刻。寝室成员一般会受寝室文化影响，在无意识中将群体意识通过心理系统与自己固有的思维方式、价值观念和行为模式等发生交互作用，而表现出相对一致的外部特征和行为方式。一般情况下，寝室成员所面对的问题和困难基本一致，能够形成心理上的认同和归属感。群体成员大都互相帮助，在学习和生活中共同进步。

（二）高校学生生活群体组织的管理与引导

高校学生生活群体组织主要以寝室为中心，寝室在高校学生养成良好生活习惯、形成优秀思想品质等方面起着重要的作用，需要高校教育管理者进行科学、合理的管理和引导。具体来说，主要有以下三个方面。

1. 以归属感提升为重点，提高生活群体的责任意识

一般来说，归属感是指个体或集体对一件事物或现象的认同程度，并且对这个事物或现象发生关联的密切程度。提升高校学生对所处环境的归属感，有助于其形成良好的人际关系、乐观向上的精神状态和积极的学习态度。要使生活群体成员拥有良好的归属感，需要从以下几个方面入手。一是要培养成员热爱集体、乐于为集体奉献和关心他人的良好品质。有关的心理学研究证明，成员在群体内的社会关系越好，对环境的满意程度越高；在一起居住的时间越长，参与的活动越多，对群体的归属感也就越强。在管理中，教育管理者可以引导学生共同参与集体活动，加强学生彼此间的沟通与交流，促进成员间团结协作、关爱互助，激发学生热爱寝室、关注集体、参与建设的热情。二是要赋予学生自我管理的权力。鼓励高校学生参与相关管理政策的制定与管理过程的监督，激发学生参与管理的积极性，提高其自我管理能力。比如，以民主程序决定寝室自治章程和寝室生活规定。

2. 以文化建设为载体，增强生活群体的能力素质

以寝室为主要载体，加强高校学生生活群体的文化建设，对于高校学生成长成才，创造积极向上、健康文明、关爱互助、充满生机的学习和生活环境，具有重要的现实意义。一方面，强化文明寝室建设。通过加强学生宿舍管理，规范学生基本行为，引导学生养成文明的生活习惯，树立当代高校学生的良好风范和形象，营造良好的成长成才环境。除硬件设施建设外，还包括软环境建设。比如，营造寝室独特的环境氛围，倡导文明健康的言行举止，消除寝室内不文明、不道德的现象等。另一方面，开展文化含量高的课余活动。引导寝室成员间或寝室与寝室间开展以互助交流、文化学习、社会实践等为主要形式的文化、体育、科普教育、娱乐、互助等活动，融思想性、教育性和娱乐性于一体，培养学生形成认同及发展组织文化的意识。

3. 以制度建设为保障，促进生活群体良好行为习惯的养成

随着高校学分制教学改革和后勤管理服务社会化的发展，科学化、规范化

成为学生生活群体管理的发展趋势。在新时期的管理工作中，建设系统、科学的管理制度对于促进学生生活群体行为习惯的养成具有重要作用。一是要坚持"以学生为本"的制度建设理念，在制度制定过程中尊重生活群体学生的需要，鼓励学生全面参与，积极采纳学生意见，科学论证制度的合法性与合理性，保证制度在管理、服务中充分发挥教育功能。在制度执行过程中，尊重学生的各项权利和发展需求，保障学生的合法利益。二是要构建教育、管理、服务功能互相配合的制度体系，建立寝室安全及卫生管理办法、定期查寝等制度，建立寝室文明公约、学生轮流值日等制度；建立高校学生政工干部入住学生寝室制度，使服务与管理有效结合。各高校应结合自身实际，因地制宜，充分发挥制度规范在促进生活群体良好行为习惯养成方面的保障作用。

第三节　高校学生安全和资助管理

一、高校学生安全管理

（一）高校学生安全管理的内涵

高校学生安全管理是指管理者根据社会的要求，针对高校学生群体特点，有计划、有组织、有目的地对高校学生实施安全教育及管理，妥善处理各类安全事故，以保障高校稳定和高校学生安全，最终达到引导高校学生全面健康成长的目的。高校学生安全管理已由以往单纯强调校园安全管理向以建立教育、管理和事故处理一体化的服务体系转变，逐步成为以培育安全理念，提高安全素养，增强安全技能，促进高校学生的全面健康发展为目的的安全管理活动。

（二）高校学生安全管理的特点

与其他安全管理相比，高校学生安全管理有以下三个方面的特点。

1.青年性

高校学生安全管理的对象是青年学生，因此要针对青年的特点开展。当代高校学生思想活跃，独立性强，有创新精神，对周围的事物，特别是新鲜的事物和知识反应迅速。高校学生安全管理应更加注重通过对青年学生在校期间的日常学习、工作和生活的教育及管理，培养高校学生正确的安全意识和良好的安全行为，在发挥青年学生自身优点和长处的同时帮助和引导高校学生养成良好的安全行为习惯。高校学生安全管理的青年性也体现在高校学生安全管理的内容、形式、方法和途径上，会随着青年学生在不同时代、时期的特点而不断创新和发展。

2. 群体性

高校学生安全管理是对学校这个特殊的群体性生活环境的管理，是对青年学生这一同质性群体的管理，具有明显的群体性特点。通过加强对寝室、教室、实验室、图书馆等涉及学生在校生活各方面的常规安全管理，保障高校学生在校期间的人身财产安全，维护学校正常的教学和生活秩序，有效地排除其他社会生活环境中的不良因素对高校学生学校生活的干扰，为高校学生创造一个良好的学校生活环境。

3. 教育性

在对高校学生学校生活进行常规安全管理的同时，也应对高校学生进行安全方面的常识、技能训练。少数高校学生疏于日常生活安全意识培养，缺乏基本的安全常识和技能，这给高校学生学校生活以及其他社会生活带来很多的隐患，不利于高校学生健康成长。管理本身也是一种教育，高校学生安全管理是高校学生积累日常生活经验的重要途径，是对高校学生进行常识、技能训练的重要内容。高校学生安全管理要充分发挥其育人功能，以促进高校学生全面健康成长。

高校学生安全管理有以下四个方面的任务。一是宣传、贯彻国家安全管理工作的有关方针、政策、法律和法规。大力开展宣传教育活动，以校内外活动为有效载体对高校学生开展形式多样的安全政策和法律法规的教育，贯彻落实国家安全工作精神，使高校学生树立起安全意识。二是开展安全教育。利用各种渠道对高校学生开展安全常识教育和安全技能培训，使高校学生了解日常安全防护知识，具备日常安全防范技能。同时，结合专业特点，对高校学生开展有针对性的职业安全教育和培训。三是进行日常安全管理。做好高校学生日常安全管理工作，加强安全防范，维护正常的教学和生活秩序，保障高校学生人身和财产的安全，维护校园安全稳定。四是安全事故的处理。建立健全规章制度，严格管理，明确责任，对出现的高校学生安全事故进行及时、有效的调查和处理，做好应急预案，提高应急反应能力，控制事态发展，减轻事故带来的伤害和损失。

（三）高校学生安全管理的意义

高校学生安全管理对高校学生、高校和社会都有十分重要的意义。做好高校学生安全管理工作，关系到高校学生自身的发展、新时期高校的改革和发展，以及社会的安定与和谐。

（1）高校学生安全管理有利于高校学生自身安全素质的提高。安全素质是人们完成某项任务所必需的基本条件和能力。良好的安全素质既包括掌握基本的安全知识和安全技能，又包括在此基础上树立起来的安全意识和安全观念。高校学生安全管理是提高高校学生自身安全素质的有效途径。高校学生安全管理是对高校学生在校生活的管理，与高校学生学习、生活紧密相连。通过各种管理活动，对高校学生开展安全教育和管理，有意识地培养其良好的安全行为规范，能够使高校学生在参与活动中掌握相应的安全知识和技能，进而内化为自身的安全意识和观念，指导其行为实践。

（2）高校学生安全管理有利于新时期高校改革和发展。近年来，随着高校办学规模的不断扩大，招生人数不断增多，多校区办学模式逐渐形成，高校安全管理工作面临着很多的挑战。相对开放式的校区如何有效地管理，学生住宿相对分散如何及时排查安全隐患，学生交通安全如何保障等问题需要高校学生安全管理工作积极主动地做出反应。因此，作为高校安全工作的一项重要内容，高校学生安全管理已成为新时期高校改革和发展的重要内容之一。因此，只有正确地对待和处理好高校学生安全管理问题，才能保障高校改革和发展的顺利进行，才能及时解决高校改革和发展中出现的安全方面的新情况和新问题，才能不断提高服务学生的能力和水平，促进高校学生健康成长。总之，高校学生安全管理是新时期高校改革和发展的必然要求，有着重要的理论和现实意义。

（3）高校学生安全管理有利于社会的安定与和谐。学校的健康发展和稳定对经济社会的稳定和发展有重要的影响。高校学生安全管理作为高校安全工作的重要组成部分，承载着管理和育人的功能。加强高校学生安全管理，为高校学生在校学习和生活提供一个良好的环境，有利于维护学校正常的教学生活秩序。

二、高校学生安全管理的内容

高校学生安全管理作为一项有计划、有组织、有目的的安全管理活动，包括日常的安全教育、安全管理和安全事故的处理等基本内容。与此同时，高校学生安全管理应以防范涉及教育系统的突发公共事件的发生为工作重点，高度重视对校园突发公共事件的预防与控制。

（一）高校学生安全管理的基本内容

高校学生安全管理的基本内容主要包括高校学生安全教育、高校学生日常安全管理和高校学生安全事故处理三个方面。

1. 高校学生安全教育

安全教育作为安全管理的基本内容之一，是事故预防与控制的重要手段。安全教育是通过各种形式的教育和培训，努力提高人们的安全意识和安全技能，使人们学会从安全的视角观察问题和审视问题，用所学到的安全技能去处理问题的教育活动。

（1）高校学生法律法规教育包括以下几个方面。第一，基本的法律法规教育，如《中华人民共和国宪法》《中华人民共和国刑法》《中华人民共和国教育法》《中华人民共和国高等教育法》等。第二，国家有关安全管理工作方面的方针、政策、法律、法规的教育，如《普通高等学校学生管理规定》《高等学校学生行为准则》等。第三，校规校纪的教育，特别是涉及高校学生日常行为规范的教育，如校园治安秩序管理规定、公寓管理规定、教师学生行为管理规范、宿舍防火制度、学生违纪处分条例有关规定、文明离校有关规定、社团管理条例等。对高校学生开展法律法规的教育，能够帮助高校学生树立法律观念，形成良好的法律意识，使高校学生对学校安全工作有总体性的了解，对自身所处的学习、生活环境有充分的认识，对自己在校园安全方面所承担的权利和义务有正确的态度，对自身在事故处理中所承担的责任有清醒的判断。

（2）高校学生安全常识教育，主要包括防火、防盗、防抢、防骗、防滋扰、防食物中毒和防止网络犯罪等与高校学生学习和生活联系紧密的安全知识教育，目的在于使学生掌握安全防范知识，树立安全防范意识。对突发公共事件的安全知识的教育和普及，是对高校学生进行安全常识教育的重点内容。通过对高校学生开展的安全教育，使高校学生对突发公共事件有全面的认识，掌握在自然灾害、事故灾难、社会安全事故、公共卫生事件等发生时所能用到的预防、避险自救、互救、减灾等安全知识和技能。对高校学生开展全面、系统的安全常识教育，能够帮助高校学生建立起科学的、实用性强的安全知识体系，有效地保护自身安全和公共安全。

（3）高校学生早期职业安全教育也是高校学生安全教育的重要内容之一。早期职业安全教育主要是开展与高校学生所学专业相关的安全教育，教育内容是在高校学生实验室安全教育和实习实践安全教育的基础上，更加注重对高校学生走出校园、步入社会后，从事所学相关专业的工作时，针对职业领域安全特点而进行的安全知识教育。早期职业安全教育体现着以人为本、终身教育的理念，更加关注高校学生的未来安全，是提高高校学生安全意识和安全素质的重要途径与手段。

（4）高校学生心理健康教育是高校学生安全教育的重要组成部分。高校学生心理健康问题受多方面因素的影响。学校是高校学生学习、生活的主要场所，也是高校学生产生心理问题的主要影响因素之一。心理健康教育主要包括应对挫折的心理健康教育、恋爱与性心理健康教育、人际交往的心理健康教育、正视学习的心理健康教育和如何应对环境及角色改变的心理健康教育，以及遭遇突发事件时的心理健康教育。心理健康教育能够帮助高校学生了解自身的心理健康状况，掌握调节心理状态的科学方法，指导自身行为实践，保护自身安全和合法权益。

（5）高校学生安全防范技能培训，是在安全理论知识教育的基础上，着重培养和锻炼高校学生处理实际安全问题的能力。安全防范技能培训主要通过课堂安全技能的演示、课外实习实践、有组织的应急演练等活动，训练高校学生防盗、防抢、防火、防人身伤害，以及应对公共突发事件等日常安全防范技能，提高自身防卫能力。例如，早期职业安全防范技能培训主要针对学生专业领域的安全特点，通过实习实践、专门训练等方式和途径，对高校学生开展知识性、预防性的职业安全技能教育和培训，提高高校学生职业安全素养和专业知识水平，促进高校学生日常安全防范技能水平的提升。

2. 高校学生日常安全管理

高校学生日常安全管理是指对高校学生在校期间的学习和生活过程中所涉及的安全问题进行的管理，主要包括人身安全管理、财产安全管理、消防安全管理、交通安全管理、社交安全管理、网络安全管理和卫生安全管理等。

3. 高校学生安全事故处理

化解矛盾冲突，参与处理有关突发事件，维护好校园的安全和稳定，是高

校学生辅导员的主要工作。高校学生安全事故处理主要是针对在学校实施的教育教学活动或者学校组织的校内外实习实践活动中，以及在学校负有管理责任的校舍、场地及其他教育教学设施和生活设施内发生的，造成在校学生人身伤害、财产损害等后果的安全事故的处理。安全事故发生后，保护学生和学校的合法权益是高校学生安全事故处理的主要目的和原则。高校学生安全事故处理主要包括事故的调查取证、事故责任的认定、事故损害的赔偿和对事故责任者的处理四个方面的工作。

（1）事故的调查取证是事故处理中十分重要的一个环节，它是弄清事故发生的经过、查找事故原因、有效控制事故的重要步骤。学生人身和财产受到伤害、损失后，教育管理者通过及时开展相应的调查取证工作，以获取事故发生的资料，找出事故发生的根本原因。高校学生辅导员应保持沉着冷静，迅速采取措施进行抢救并保护现场，及时通知学生家长；同时，还要加强学生的思想政治教育工作，稳定学生情绪，恢复正常的教学和生活秩序，协同有关部门妥善处理；在调查取证的基础上，完成调查报告，及时向学院、学校和相关主管部门汇报。

（2）安全事故责任的认定是在事故调查取证后，对各种证据资料汇总和分析的基础上，进行相应事故责任的判定。在安全事故责任认定的过程中，高校学生辅导员主要依据相关法律法规及有关规定，对学校、学生或其他相关当事人进行责任认定。安全事故责任的认定主要是根据事故相关当事人的行为与损害后果之间的因果关系依法判定。学校、学生或其他相关当事人的过错所造成的安全事故，依据相关当事人在事故中行为过错程度及其与事故损害后果之间的因果关系，认定其承担相应的责任。如果当事人的行为是事故损害后果发生的主要原因，那么应当认定其承担主要责任；如果当事人的行为是事故损害后果发生的非主要原因，那么应当根据实际情况认定其承担相应的责任。

（3）对所发生的事故负有责任的组织或个人，按照法律法规的有关规定，承担相应的损害赔偿责任。在赔偿的范围与标准上，按照有关行政法规、地方性法规，或者依照最高人民法院司法解释中的有关规定执行。积极帮助参加学校集体组织的意外伤害保险、责任保险等险种的学生做好保险的受理和赔偿工作。在事故发生后，辅导员根据投保险种和投保公司的不同规定，帮助学生及其家长做好相应的报案工作、报销凭证的准备工作，以及相关证明的开具工作等。

（4）根据责任主体在事故中的具体情况，对事故责任者进行相应的责任追究。对造成安全事故负有责任的学生，依据事故实际的情况和对事故责任的认定进行相应的处理。对违反学校纪律而对事故的发生负有责任的学生，根据学校相应的管理规定，如学生违纪管理规定、公寓管理规定、校园治安秩序管理规定等给予相应的纪律处分。将触犯刑律而对事故的发生负有责任的学生，交由司法机关依法处理。高校学生辅导员在对学生责任主体进行处理时，应本着以教育为主、以处罚为辅的原则，使负有责任的学生通过事故教训受到安全教育，从而改正自身不良思想倾向和行为习惯，充分认识到安全对自身和他人的重要性。

（二）高校学生安全管理工作的重点

高等学校学生安全教育及管理，应以预防为主，在对各类安全事故的预防工作中，尤其要防范涉及教育系统突发公共事件的发生。因此，对校园突发公共事件的预防与控制是高校学生安全管理工作的重点。

随着高等教育的发展，影响高校安全的因素增多，各类突发公共事件时有发生。从高校安全工作的角度来说，突发公共事件是指突然发生，造成或可能造成重大人员伤亡和财产损失，影响高校稳定和高校学生安全的突发公共安全紧急事件。与其他安全事件相比，突发公共事件具有涉及范围广、影响时间长、损失程度大的特点，严重影响高校的稳定和高校学生的安全。因此，预防和控制校园突发公共事件是高校学生安全管理工作的重点，高校要做好校园突发公共事件的防控工作，重心突出、以点带面，有效地保障高校学生的安全，促进其全面健康成长。

参与处理有关突发事件，维护好校园安全和稳定是高校学生辅导员的主要工作。做好教育系统突发公共事件的预防和控制工作，必须认真贯彻落实相关法律法规和有关规定，坚持“安全第一、预防为主、综合治理”的方针，以保障高校学生生命财产安全为根本，以落实各类应急预案为基础，以提高预防和控制突发公共事件能力为重点，提高广大高校学生公共安全意识和防灾避险的能力，提高应急处置工作水平。通过全面加强应急管理工作，最大限度地降低突发公共事件发生的概率，减少人员伤亡，维护高校的稳定和高校学生的安全。具体工作包括以下几个方面。首先，对各类突发公共事件风险隐患进行全面的摸底排查，尤其是在容易引发重大突发事件的特殊时期和阶段。主要途径是深入学生，了解和掌握他们的思想状况，掌握第一手的思想动态信息，针对高校学生关心的热点和焦点问题，及时进行教育和引导。同时，深入宿舍、教室、实验室、食堂、图书馆等高校学生相对集中的公共活动场所，彻底排查公共安全隐患，以达到预防和控制的目的。其次，对高校学生开展有针对性的公共安全知识、应急防护知识的教育和普及活动。利用课堂教学和课外实践活动，开展丰富多彩的校园文化活动，如公共安全知识竞赛、公共安全活动月、公共安全讨论交流会和安全文艺演出、演讲比赛等，深入宣传学校各类应急预案，全面普及预防、避险、自救、互救、减灾等公共安全知识和技能。最后，加强日常安全管理工作，有效预防突发公共事件的发生。加强对高校学生人身安全、财产安全、网络安全、卫生安全、社交安全、消防安全等方面的日常管理，维护正常的校园公共安全秩序，有效地预防和控制校园突发公共事件的发生。

三、高校学生安全管理的原则与实施策略

高校学生辅导员作为高校学生安全管理工作的重要组织者、实施者，在高校学生安全管理中必须遵循各项原则，有针对性、有时效性地搞好实施策略，开展好各项管理活动。

（一）高校学生安全管理的原则

高校学生安全管理的原则是在高校学生安全管理工作的实践中形成的，体现了高校学生安全管理的客观规律，是高校学生安全管理必须遵循的准则。高校学生安全管理工作遵循的主要原则有保护学生原则、教育先行原则、明确责任原则和教管结合原则。

1. 保护学生原则

保护学生原则是指在高校学生安全管理工作中，以学生为主体，依据高校学生生活、学习和成长的需要，针对高校学生的知识结构和年龄特点，开展安全教育和管理活动，保障高校学生的人身安全和财产安全，促进高校学生的健康成长。保护学生原则充分体现了高校以人为本的办学和管理理念。对高校学生安全的保护要靠管理，这种安全管理不是消极、被动的管理，不是为了管理而管理，也不是出了事故才管理，而是积极、主动的管理，是充分了解学生安全需要，针对高校学生群体特点的管理。因此，贯彻保护学生原则，应注重研究群体与群体之间、群体与个体之间、个体与个体之间的关系问题。贯彻保护学生原则，应把个体教育与群体管理结合起来。在重视个体的主体地位、突出高校学生安全管理对个体的教育职能的同时，注重对群体的管理职能的发挥，

将两者有机结合起来。同时，还要充分调动高校学生的主体性，使高校学生切身体验到高校学生安全管理工作对自身发展的重要性，把外在的教育转化为自身的个人安全意识，组织他们积极参加各种安全教育活动，实现自我教育和自我管理，并且最终转化为自己良好的行为习惯。

2.教育先行原则

教育先行原则就是在高校学生安全管理中，注重发挥安全教育的预防作用，通过课堂教学和课外实习实践，利用各种宣传、教育活动，使高校学生掌握安全知识和安全技能，明确安全管理的重要性，理解安全防范的重要意义，自觉地参与安全教育和管理活动。高校学生安全管理工作要以预防为主，而做到以预防为主，就必须以教育为先导，通过安全教育，高校学生可以充分认识预防工作的目的和意义。在高校学生安全管理工作中，应认真贯彻落实教育先行原则，重视安全管理中的教育工作，使安全教育充分发挥其预防作用，帮助高校学生树立正确的安全防范意识，掌握安全常识，具备安全防范技能。另外，要避免安全教育形式化、表面化，从以预防为主的安全管理工作重心出发，来理解教育先行原则，高度重视高校学生安全教育工作。贯彻教育先行原则还应重视对高校学生安全技能的培训，克服单纯注重安全知识教育而忽视安全技能培训和实习实践的思想与倾向。

3.明确责任原则

明确责任原则是指在高校学生安全管理中，建立健全岗位责任制，完善高校学生安全管理的队伍建设，实行责任追究制度。贯彻明确责任原则，有利于调动各方面的积极因素做好高校学生安全管理工作，有利于高校学生安全管理应急机制的建立，有利于建立健全规章制度，加强队伍建设，实现严格管理。贯彻明确责任原则，能够在高校学生安全管理中实现自上而下的合力，由主管部门牵头，各有关职能部门分工协作、积极配合，明确各自责任，积极组织实施安全教育和管理工作，使高校学生安全管理工作制度化、法律化、长效化。贯彻明确责任原则，能够把责任与权力结合起来，既明确了责任，又充分重视各安全职能部门的各负其责问题，做到责权分明。同时，应建立责任评估体系，确立考核指标体系，运用测量和统计分析等先进的方法，对实际效果进行科学的评估。

4.教管结合原则

教管结合原则就是在高校学生安全管理工作中，把安全教育与安全管理两个基本内容有机结合起来，在充分发挥教育与管理作用的同时，使二者互为条件、相互补充。在安全管理实践中，往往会出现安全教育与管理脱节的现象，贯彻教管结合原则，有利于开展以预防为主的高校学生安全教育工作，有利于教育和管理资源的充分利用，使之有机结合起来，有利于安全管理水平的不断提高。作为安全教育和管理工作者，应不断提高自己的安全教育水平，提高安全管理的整体能力，以便更好地贯彻落实教管结合原则。同时，应根据不同的时间、不同的地点、不同的工作对象、不同的任务和内容来调整教育与管理工作的重心，做到相互结合、互为补充。

（二）高校学生安全管理的实施策略

高校的领导者、管理者、教师都负有对高校学生进行安全管理的责任，但从高校学生安全管理实施过程的特点和方式来看，高校学生辅导员的作用举足轻重。高校学生辅导员是高等学校教师队伍和管理队伍的重要组成部分，具有教师和干部的双重身份，是高校学生日常思想政治教育和管理工作的组织者、实施者和指导者。因此，高校学生安全管理是高校辅导员重要的工作内容之一。高校学生辅导员应从以下几个方面开展工作。

1. 以宿舍和公寓为重要阵地，做好高校学生的安全管理工作

学生宿舍和公寓既是开展高校学生思想政治教育的重要阵地，也是开展高校学生安全管理的重要阵地。宿舍和公寓是高校学生生活的主要场所，也是安全隐患和安全问题相对集中的场所，涉及高校学生的人身安全、财产安全、用水用电安全、防火安全、网络安全等。以宿舍和公寓为重要阵地开展高校学生安全管理工作，能够使安全管理工作更加贴近高校学生的学习和生活，贴近高校学生真实的安全需要，有利于以更为灵活的方式开展安全知识的教育和普及工作，有利于对存在的安全隐患进行及时处理，有利于引导高校学生的思想和行为，促使高校学生养成良好的学习和生活习惯。

以宿舍和公寓为重要阵地的高校学生安全管理工作，涉及以下三个方面。

（1）深入寝室，关心学生生活，主动了解学生的安全需要。高校学生辅导员在进行高校学生安全管理工作时，要从想学生之所想、急学生之所急入手，主动了解学生的安全需要，而不是被动地提供安全教育和服务。了解学生真实的安全需求，需要经常深入寝室，扎实开展教育和管理活动，从关心学生的吃、穿、住、用、行出发，与学生交朋友，融入学生的集体生活，得到学生的认可和信赖，这样才能与学生交流沟通，为他们解决学习和生活中遇到的安全问题，帮助他们及时解决安全方面的困惑。高校学生辅导员只有做到真正关心

学生的生活，并且主动了解学生的安全需要，才能使学生切身感受到安全管理的重要性，主动参与安全管理活动。

（2）严格管理，仔细排查安全隐患。高校学生辅导员应在主动了解学生安全需要的同时，根据学生反映的情况和问题，仔细排查宿舍和公寓存在的安全隐患，特别是学生人身财产安全的隐患，如防火安全问题、用水用电安全问题、公共卫生安全问题等，发现一个解决一个，决不麻痹大意。同时，应加强对学生宿舍和公寓的安全管理，杜绝学生在宿舍和公寓出现不安全行为，如酗酒、违章用电、私带外人留宿等，一经发现，要根据相应的管理规章制度严肃处理，以达到教育的目的。

（3）强化高校学生安全管理的思想政治教育功能。思想政治教育工作在帮助高校学生树立正确的安全意识，提高高校学生的安全素养方面起着重要作用。在高校学生安全管理过程中，高校学生辅导员要充分发挥思想政治教育的功能，通过开展形式多样的安全教育活动，引导高校学生的思想和行为，如网络安全行为、交往安全行为、公共安全行为等，从学习和生活的各个方面，引导高校学生树立正确的安全意识和安全观念，建立集体安全责任感，从自身做起，自觉遵守安全规章制度，正确处理日常学习、工作和生活中遇到的问题，有效推进高校学生安全管理工作顺利开展。

2. 以案例教育为重点，做好高校学生的安全教育工作

对学生开展安全事故的案例教育是高校学生安全教育工作的有效手段之一。发生在校园内的安全事故案例接近高校学生的日常生活，以这些真实的案例开展安全教育，更具有说服力。在安全教育中，对典型的案例深入分析，弄清事故发生的原因、过程、形式、危害及其规律，能够把安全教育以真实的形态展现出来，往往会给教育者和受教育者留下深刻的印记。这样可以使高校学生真正了解在什么情境下会出现这种不安全的情况，出现这种不安全情况的原因是什么，一旦发生类似的情况应该如何面对，如何运用日常所学到的安全知识和技能去解决问题，以起到警示和教育作用。通过对安全事故案例的分析，学生能够直观地认识和理解树立安全意识、具备安全知识和安全技能的重要性。

以案例教育为重点，做好高校学生的安全教育工作，必须注意以下几点。

（1）建立案例教育库，做好高校学生安全事故案例的归档、整理工作。在安全教育中，要想有针对性地开展案例教育，高校学生辅导员必须在日常安全教育及管理的过程中，收集、整理发生在大学校园生活中的，或与高校学生

人身财产等安全密切相关的典型安全事故案例，建立案例教育库，积累案例影音、图像和文献资料，认真分析、研究案例对高校学生安全教育的现实意义，并且将其科学有效地运用于高校学生安全教育工作中。做好高校学生安全事故处理后的归档和统计工作是开展安全教育，建立案例教育库的有效途径。通过对这些案例的比较分析，高校学生辅导员能够更好地掌握高校学生群体对安全方面的认识水平和重视程度，发现安全教育中的薄弱环节，改进教育工作。

（2）根据环境、季节等变化规律，适时开展案例教育。各类安全事故的发生概率是随着环境和季节的变化、节假日的变化而相应改变的。因此，高校学生安全管理应根据环境、季节等相关规律的变化而调整教育及管理的重心。相应地，组织开展案例教育也是如此。应有针对性地、适时地设计和组织校园安全教育活动，通过安全知识竞赛、安全知识交流会、安全活动月、专家讲座等形式多样的安全文化活动，开展防盗、防火、防病、防事故的安全案例教育，并且使其经常化。这就要求在高校学生日常安全管理工作中，高校学生辅导员要注意梳理不同环境、季节、节假日前后安全事故的规律性变化，及时收集和分析校园安全案例教育的反馈信息，以增强校园安全文化活动和案例教育的针对性、实效性。

3. 以班级和党团组织为依托，引导高校学生进行自我安全教育和管理

班级是学校工作的最基层单位，是学生的基本组织形式，是学生自我教育、自我管理、自我服务的主要组织载体。高校学生安全管理要充分发挥党团组织在教育、团结和联系学生方面的优势，注重依托班级、社团等组织形式，引导学生自我教育、自我管理、自我服务。要以班级和学生社团为依托，充分发挥党支部、团支部、学生会组织的带头作用，为高校学生创造、搭建良好的活动空间和平台，使其主动参与安全管理工作。高校学生的自我安全管理，是高校学生安全管理工作的一个重要组成部分，是完善高校学生安全管理工作的有效途径。

实现高校学生自我安全服务，首先要引导高校学生实现自我安全教育。高校学生自我安全教育是高校学生自我安全服务和管理的良好开始，它使高校学生由受教育者、被管理者、受保护者转变为教育者与受教育者的统一体，能够真正做到从群体和自身的安全需求出发思考安全教育问题。高校学生的自我安全教育更贴近其实际生活，更有说服力和感召力。通过开展适时的、有针对性的高校学生自我教育活动，支持以班级和社团为单位开展安全教育活动，鼓励开展以安全教育为主题的文艺节目演出、安全知识竞赛、安全知识讨论、安全

知识信息交流会等活动，以达到自我教育的目的。

高校学生的自我安全管理是在自我安全教育基础上的一种管理活动。通过组织开展群体内部以及群体之间的管理活动，帮助和引导高校学生群体开展以班级、年级和社团为单位的安全管理活动，以达到巩固教育成果、实现自我教育的目标。在高校学生安全管理工作中，除了加强对高校学生团体组织的引导和管理，高校学生辅导员还应注意对其进行安全管理培训工作，使高校学生团体组织具备相应的安全管理专门知识，知道如何管理、怎样高效地管理。

在高校学生自我安全教育和管理的基础上，高校学生辅导员要引导高校学生努力实现自我安全服务，这样有助于培养高校学生群体的互助意识，培养团队精神，并且善于及时发现身边的安全问题和隐患，实现互帮互助、互相交流。实现高校学生的自我安全服务，能够加深高校学生对安全管理工作的认同，形成人人参与服务、人人共创服务的局面。在高校学生安全管理工作中，高校学生辅导员要积极引导和支持高校学生开展自我安全服务活动，充分调动学院、年级、班级，以及各党支部、团支部和学生会组织，带头开展服务学校、服务学院、服务同学的安全服务活动。组建高校学生安全服务队、高校学生安全志愿者协会等高校学生社团组织，并且为其提供良好的活动空间，使其成为高校学生安全管理工作的重要力量。

4. 树立服务学生的理念，妥善做好高校学生安全事故的处理工作

强化服务意识、提升服务理念，时时刻刻帮助学生和服务学生是做好高校学生安全事故处理工作的出发点和归宿。只有树立服务学生的理念，才能使学生在发生事故真正需要帮助的时候想到老师、信任学校，能够第一时间通知相关负责人，而不是发生事故后因顾虑对安全事故责任的追究而谎报、瞒报，不敢告知，也不愿意告知，拖延时间，私自处理，造成更加严重的后果。这就要求高校学生安全事故处理工作能真正树立服务理念，做到以学生为本，关心他们的切身感受，关注他们的切身利益。

树立服务学生的理念，妥善做好高校学生安全事故的处理工作，主要从以下三个方面入手。

（1）提高应急反应能力，做到第一时间处理。时间是安全事故处理过程中最重要的因素之一。安全事故的处理是否及时，直接影响着安全事故损失的大小、影响的范围、事故当事人各项权益的保障，以及事故责任的认定和追究。因此，高校学生辅导员在处理高校学生安全事故的过程中，必须具备很强的安全事故应急反应能力，争取做到第一时间得到信息，第一时间到达现场，第一

时间帮助学生解决实际安全问题。运用快速反应机制，制定事故处理预案，同时注重发挥学生干部、党员、班委会成员的作用，要求他们经常与老师沟通，在发生安全事故时能够及时上报，以便对高校学生安全事故进行及时有效的控制和处理。

（2）把学生的利益放在首位，做到妥善处理。学生安全事故的处理要贯彻落实保护学生的原则，把学生的利益放在首要位置，切实保护学生人身财产安全，维护学生的各项合法权益，依照高校学生安全事故处理原则和程序，公平、公正、公开地处理。在涉及责任的认定和追究时，本着以合理适度、教育为主的原则，在事实认定的基础上，根据有关学生安全管理规定进行合理适当的处理，充分发挥和利用安全事故处理过程中的教育作用，引导学生认清安全事故的危害，勇于承担对于事故所应负的责任，并且从中吸取教训。

（3）以学生为本，做好事故处理后的教育工作。安全事故发生后往往会给学生的心理造成很大的压力，带来情绪和思想上的波动。安全事故的追究和处理也会给学生日后的学习和生活造成一定的影响。帮助和引导学生正确面对安全事故所带来的影响，使他们在今后的学习和生活中变压力为动力，是日常学生思想教育工作中必须面对的问题。因此，在安全事故处理后，高校学生辅导员要特别重视对学生的跟踪教育工作，深入寝室、教室，与他们谈心、交流和沟通思想，为他们减轻心理压力，帮助他们正确认识和对待安全事故所带来的问题，引导学生回到正常的学习和生活中。只有以学生为本，认真、扎实地做好学生事故处理后的思想教育工作，才能更加有效地提升安全管理工作质量，做到防患于未然。

5. 扎实开展调查研究，不断探索高校学生安全管理的新内容与新途径

高校辅导员要定期开展高校学生安全管理工作相关调查和研究，分析工作对象和工作条件的变化，及时调整工作思路和方法。需要与时俱进，一切从实际出发，实事求是，重视调查研究工作，对影响高校学生安全的因素进行及时的收集、分析和处理，准确把握高校学生安全管理中出现的新情况，根据不同环境和不同学生的特点，不断探索高校学生安全管理工作的新内容与新途径。

扎实地开展实践调研工作，包括以下两个方面。

（1）注重对学生网络行为的调研。当前，互联网络已经成为高校学生首选的学习和交流的工具。交流方式的不断创新，包括实时网络语音交流、自助性聊天室、QQ 群网络、博客、微博、微信等均给高校学生的学习和生活带来很大的便利，这使他们更容易就各自喜好和关心的问题相互交换各自的见解和看

法。高校学生辅导员要渗透到高校学生的网络生活中，及时有效地引导高校学生的网络思想和行为，减少和避免不良因素对高校学生安全的影响，特别是公共性突发事件对学生、学校、社会的安定与和谐的影响。因此，高校学生辅导员必须注重对学生网络行为的调查和研究，掌握高校学生最新网络行为动态，不断探寻高校学生网络行为规律。

（2）重视对学生社会生活的调研。高校学生在校期间的学习和生活是有规律的。除学校生活外，高校学生还处于家庭生活和社会生活环境中，这些校外生活环境对高校学生的成长及他们的学校生活有着重要的影响。因此，重视对高校学生校外社会生活的调查和研究是做好高校学生安全管理工作的必然要求。高校学生辅导员通过对高校学生校外生活的调研，掌握高校学生在其他社会生活环境中的实际情况，分析这些情况对高校学生学校生活的影响，及时调整高校学生安全管理的思路和方法，帮助和引导高校学生更好地适应各种社会生活。

四、高校学生资助管理

随着高等教育的改革与发展，高校学生资助管理成为高校管理工作的重要组成部分，如何帮助家庭经济困难的学生顺利完成学业，如何促进高校学生全面成长成才，实现资助与育人相结合，成为高校管理和教育面临的问题之一。本章从高校学生资助管理和高校学生勤工助学管理两方面论述了资助工作的意义、内容和原则。

（一）高校学生资助管理

高校学生资助管理是一项政策性强、涉及面广的重要工作。目前，我国已初步形成多元混合式的高校家庭经济困难学生资助体系，涵盖奖学金、国家助学贷款、勤工助学、困难补助、学费减免和绿色通道等基本内容。多层次、多项目的资助体系基本解决了学生的实际问题，有效促进了教育公平。但在实际运行中，高校学生资助工作的制度设计、政策运行、队伍建设和育人实效等还有待于进一步加强，因此下面将着重介绍高校学生资助管理的内涵和意义。

1. 高校学生资助管理的内涵及意义

（1）高校学生资助管理的内涵。《中共中央　国务院关于进一步加强和改进高校学生思想政治教育的意见》指出："要加强对经济困难的高校学生的资助工作，以政府投入为主，多方筹措资金，不断完善资助政策和措施，形成以国

 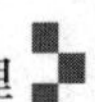

家助学贷款为主体，包括助学奖学金、勤工助学基金、特殊困难补助和学费减免在内的助学体系，帮助经济困难的高校学生完成学业。”高校学生资助管理主要是指以国家教育方针和资助政策为依据，科学合理地统筹、确定、落实、评估各项资助项目，在帮助家庭经济困难的学生解决经济困难的基础上，注重发挥资助工作的育人功能，全面提升家庭经济困难的学生的综合素质，实现资助与育人有效结合的育人体系。

（2）高校学生资助管理的意义。党和政府一直高度重视高校学生资助管理工作。新中国成立初期，我国就实行了“免费 + 助学金”制度。当前，社会成员对高等教育的需求随经济增长不断加大，但由于地区经济和家庭经济之间的差异，一些贫困地区和家庭经济困难的学生顺利入学、安心读书、全面发展的愿望受到了一定的阻碍，客观上影响了高等教育人才培养目标的实现，对和谐社会的建设进程势必产生一定影响。加强高校学生资助管理是落实国家高等教育资助政策，建立健全高校家庭经济困难学生资助体系的有效保障，从实践层面解决了经济困难家庭的教育负担，有利于学生的全面成长，体现了党的教育方针和执政为民的宗旨，有利于推进社会主义和谐社会的进程。

高校学生资助管理是培养高素质人才的客观要求。我国在创新型国家的发展进程中，需要大量高素质的人才。家庭经济困难的学生受经济条件限制，正常学习和生活的需求都无法得到满足，更无法谈及满足其发展需求，使个人成长成才被客观条件阻滞，个人潜能不能得以充分发挥。加强高校学生资助管理，建立健全家庭经济困难学生资助体系，关心和帮助家庭经济困难的学生接受高等教育，满足其学习、生活、发展的迫切需求，解除其后顾之忧，使其顺利完成学业，能为建设人力资源强国输送更多的人才，能够保障家庭经济困难的学生通过高等教育，充分发掘个人潜能，实现成才愿望，实现其自身价值和社会价值。因此，加强高校学生资助管理是培养高素质人才的客观要求。

高校学生资助管理是高校育人工作的重要内容。高校学生资助工作曾被一部分人错误地认为只是对家庭经济困难的学生实施经济救助，其工作重点仅在于解决部分学生所面临的经济困难。因此，以往的高校学生资助管理在人们心中被定格为组织实施物质层面的狭义资助。事实上，高校学生资助管理是高校育人工作的重要内容，它以经济资助为载体，在帮助部分学生解决经济困难的过程中，向学生传递党和国家对他们的关爱，激励高校学生自立自强、积极向上，使他们的意志和能力在困难面前不断得到锤炼和升华。完善的高校学生资助管理体系发挥着“物质上帮助学生，精神上培养学生，能力上锻炼学生”的作用，是高校育人工作的重要组成部分和重要内容。

2.高校学生资助管理的内容

高校学生资助管理的主要任务是帮助家庭经济困难的学生解决问题，同时加强学生综合素质培养，实现资助育人的目标。高校学生资助管理的内容主要包括资助资源的筹集及管理、家庭经济困难的学生的评定、资助项目的设计与实施、资助工作信息化建设和教育培养等五方面内容。

（1）资助资源的筹集及管理。资助资源是指学校用于资助家庭经济困难的学生的资金和物品。高校学生资助工作的一项最基本的任务就是对家庭经济条件困难的学生进行经济补助，因此拥有充足的资助资源是进行高校学生资助管理的前提和保障。目前，高校用于家庭经济困难的学生的资助资源主要来自四个方面：国家投入、银行支持、学校投入和社会捐助。

①在资助资源筹集方面，要广开门路、多方筹措，努力丰富资助资源。从长远来看，从根本上确保资金投入的持续发展要处理好两个问题。一是要巩固发展成果，确保已建立起的政府、银行和学校资金投入的可持续性。既要坚持国家政策，从学费中提取资助经费，也要确保以银行为投入主体的助学贷款的良性发展。助学贷款具有可循环使用的特点，是世界各国公认的最佳资助投入方式，也是最可持续的资助资金投入方式。要保证学生获得助学贷款的可持续性，高校应当注重强化对学生进行诚信教育，并且注重完善失信惩戒机制，以此来保证学生的贷款还款率。同时，也要总览全局，协调好校源地助学贷款和生源地助学贷款的关系，确保二者互相促进、共同发展。二是要开辟新的发展领域，充分调动其他非政府组织的资助资金投入热情。一方面需要政府创设良好的社会环境，通过税收优惠等政策，鼓励企事业单位把闲置资源集中起来投入资助家庭经济困难的学生这项活动中，最大限度地解决高校学生的实际问题。另一方面，高校要积极与社会各界取得联系，畅通渠道，争取社会团体或个人通过设立基金、设置资助项目、提供勤工助学岗位等方式广泛筹集资金，帮助经济困难的学生顺利完成学业。

②在资助资源管理方面，要做到专款专用，严格管理，加强监督，规范使用资助资源。国家要求各高校要严格管理，强化监督，通过完善制度、规范程序进行细化管理，确保资金专款专用。因此，在资助资源的管理上应着重做好两项工作。第一，完善制度，规范程序。完善各项资助资金的使用、审批制度，严格制定并实施家庭经济困难学生评定、资助项目评审、资助金发放等工作程序，使各项资助资源的使用都能做到公正、公开、公平。第二，保证专款

专用，要做到两点。一是从宏观上保证所有的资助资源都用于资助家庭经济困难的学生。二是对有特定资助对象要求的资助项目，要严格遵守资助项目要求，确保专项使用，发挥其资助功能。

（2）家庭经济困难的学生的评定。资助工作最基本的目标是实现公平，而实现公平的基本前提是确保评定的准确。家庭经济困难的学生的评定工作是资助管理必须解决的首要问题。这一问题的解决包括以下两个方面。

①确定合理的家庭经济困难的学生的评定标准。家庭经济困难的学生的评定标准包括两个方面。一是要确定对家庭经济困难的学生进行资格认定的条件标准，可以通过对学生家庭收入与支出的比较来评定学生是否困难。比较方式一般有三种，第一种是以收入与支出的差为标准，第二种是以收入与支出的比例值为标准，第三种是以收入与支出之间的线性关系为标准。具体采用哪种方式，要结合实际情况来确定。二是要确定对家庭经济困难的学生进行分类的标准。认定标准可设置一般困难、困难和特殊困难等。分类是为了更有针对性地实施资助，分类标准的确定要建立在大量的、科学的数据分析基础上，参考指标包括影响家庭经济收入和支出的各项因素。一般而言，家庭收入支出、教育支出、家庭成员患病支出、家庭人口数、子女上学情况等因素是较为关键的参考指标。

②确定科学的家庭经济困难的学生的评定程序。科学合理的评定程序，要保证家庭经济困难的学生的评定过程中信息采集的准确性、评价指标的科学性和评定过程的公正性，以保证家庭经济困难的学生的评定准确性。科学合理的评定程序应包括以下三个环节。

首先，采集学生信息。信息采集的基本任务是全面了解学生的经济困难信息。学生的困难信息不是一成不变的，信息采集工作不能一劳永逸。全面采集学生信息包括两个方面。一是在起点上全面收集信息。综合采用生源地电话访谈、学生档案查阅、日常生活观察等多种方式，全面采集学生家庭收入、人口数、教育支出、医疗支出等能反映学生家庭经济状况的关键信息。二是在过程中动态管理信息。建立学生资助信息软件管理系统，及时全面地存储、分析和动态更新学生的信息。动态更新一般包括定期进行整体更新，遇到重大突发情况及时更新，学生有变化时随时更新。

其次，测评家庭经济困难程度。根据采集到的反映家庭困难程度的信息，判断学生是否符合家庭经济困难的学生的条件，如果符合再进一步划分困难类别。影响评定学生家庭困难程度的因素多而复杂，通过量化测评可以得出较好的结论。量化测评的必要性源于学生困难信息的多源性。信息的多源性是指对被观测对象的各种属性或特征，以及背景或环境给出的定量表示或定性描述。学生困难信息具有显著的多源性特点，困难信息中有学生家庭收入、学生求学支出等直接的经济信息，也有家人健康状况、人口数、生源地等非经济信息；有家庭人口数、收入总额等定量表示，也有家庭房屋状况、家庭成员身体健康情况等定性描述。这些信息仅靠个人经验是难以进行科学评价的，必须找到恰当的信息表达方式。因此，通过建立学生经济困难量化测评模型，对学生的海量信息进行综合分析与量化测评，可以更好地开展家庭经济困难学生的评定工作。量化测评模型要求能体现出各个量化因素在评定学生家庭困难程度时的比重，并且能根据反映学生家庭经济情况的各项指标，判定学生的家庭困难程度。这个模型可以采用数学建模的方式构建，并且通过选取样本进行反复验证和修正，最终应用到测评中。

最后，民主评议个性修订测评结果。量化测评的批量性及困难因素的复杂性，决定了评定结果的非绝对准确性，因此需要对评定结果进行民主评议。民主评议应由民主评议小组组织实施。民主评议小组可由高校学生辅导员、一定比例的学生干部代表及学生代表组成。民主评议的关键在于评议小组成员能最大限度地提供被评议学生的相关信息，及时修正认定结果。民主评议时，应重点做好四个环节的工作。一是了解学生在校期间的消费情况，将其作为判断学生经济困难情况的参考。二是由辅导员老师组织年级同学对申请同学在日常消费、生活情况等方面进行评议，根据评议结果对量化测评结果进行调整。三是公示评定结果。通过民主评议尽可能保障评定结果的公正与准确。四是动态调整家庭经济困难的学生的名单。因为学生的家庭经济情况是动态变化的，所以家庭经济困难的学生的名单也应该是动态调整的，从而确保资助的准确性。

（3）资助项目的设计与实施。资助项目设计是指对国家、社会和学校所提供的资助资源进行有效整合，确定具体资助项目的条件、对象、额度等，为确保资助效益奠定良好基础。资助项目的科学设计是资助工作公平、有效的根本保证。随着国家资助力度的加大，高校用于家庭经济困难学生资助的资源越来越多。如何科学、合理地规划资助资源、设计资助项目，使资助资源得到有效利用，既是高校学生资助管理的核心内容，也是高校资助工作面临的重要课题。

在设计资助项目时，应重点把握两个原则。首先，以鼓励自强为原则，引导学生通过国家助学贷款、勤工助学来解决经济困难，尽量缩减大额无偿补助。助学贷款可以激发学生努力上进的积极性，促使学生树立自立自强、诚实守信的意识。勤工助学可以使学生获得一定报酬，解决生活困难，同时锻炼自身能力、提高综合素质。通过缩减大额无偿补助，减少学生由于接受补助而承担的心理负担或产生的“等、靠、要”等依赖思想。其次，要紧贴学生需要，满足学生的个性化需求。高校应当结合学生的实际经济状况、个人能力、日常表现、心理特点等多种因素，为学生量身设计符合其需要的切实可行的资助项目，实现常规资助与临时资助相结合，大额资助与小额补助相结合，基于需求的资助与基于能力的资助相结合，无偿资助与有偿资助相结合，打造一个资助项目“自选超市”，让不同类型、不同需求的学生都能找到自己需要的资助项目。例如，针对大一新生中经济困难的学生对大学生活不适应、缺少勤工助学机会和能力的特点设立新生专项补助，针对毕业年级中经济困难的学生在就业和考研中需要大额开支面临的问题设立毕业年级专项补助，针对家庭特别困难的学生不舍得花钱吃饭的情况设立营养支持补助，中秋节等重大节日发放节日慰问补助，争取利用社会和学校的捐赠物资对困难学生进行实物资助，等等。

在实施资助项目时，高校要采用恰当的方式、程序，确定家庭经济困难的学生应获得的资助项目类别、额度等，确保资助工作公平、高效。首先，统筹实施资助项目。一是要统筹规划资助项目。将所有项目有效整合，并且定期公布学校的全部资助项目，集中申请、审批，以便学生合理选择和总体统筹，使有限的资源得到最优化的配置。二是实行额度封顶。学生所获资助款总额不应超过额度封顶值，避免资助款在少数困难学生中过分集中，使资助资源不能得到合理有效的配置。其次，个性化实施资助项目。依据学生特点及实际需求，给予学生相应的资助项目及额度，确保其获得相应的资助，提高资助的效果及效率。最后，要完善资助项目的评定程序，以公平、公正、公开为主要原则，认真履行评审程序，严格执行评审条件，不徇私情，同时要切实做好宣讲、公示工作。

（4）资助工作信息化建设。学生资助工作涉及大量动态数据，业务量大且办理程序烦琐，尤其对各项工作的准确度要求很高。而科学、高效的信息管理、情报分析、业务操作是做好资助工作的重要保障。因此，构建高校学生资助信息平台，通过信息化手段开展资助工作，是实现高校学生资助管理的高效率和高效益的必然要求。资助工作信息管理包括以下三个方面。

①动态维护信息，准确把握学生信息。资助工作涉及学生个人信息、家庭信息，以及受资助情况、贷款情况、勤工助学情况等多方面的大量信息。传

统的通过纸质或电子表格管理的方式信息分散、错误率高且容易丢失，而通过信息管理系统可实现各项资助信息的准确、动态管理，并且可提供即时查询功能，为资助管理提供信息支撑。

②实现网上办公，提高工作效率。资助工作的各项业务工作量大且操作烦琐。通过资助信息管理系统可以整合困难生评定、国家助学贷款申请审批、资助项目评定、勤工助学管理等各项资助工作业务，使资助工作业务的办理更加科学、规范和高效，为资助管理提供业务支撑。

③科学统计分析数据，提供决策参考。资助政策的制定、资助项目的设计必须依据学生的实际，精准的情报分析对资助工作具有重要的指导作用。通过信息管理系统可以及时、准确地统计各项数据，使资助工作管理人员及时把握学校资助工作整体情况，为决策提供科学参考，为资助管理提供情报支撑。

（5）教育培养。资助工作在解决家庭经济困难的学生的实际问题的同时还担负着育人的责任。学校要从解决学生的实际困难出发，结合国家实施新资助政策的契机，结合学校的思想政治教育工作，做到物质上帮助学生、精神上培育学生、能力上锻炼学生，发挥资助与育人的双重功效。在高校学生资助管理中，资助育人是在学校育人的大背景下进行的，需要教育管理工作者找准经济困难的学生面临的特殊问题、亟待解决的突出问题和影响学生成长成才的关键问题，有针对性地进行教育。

①开展诚信教育，增强学生的诚信意识。诚信是中华民族的传统美德，是个人立身处世的行为准则，是对一个人价值评判的重要标准。诚实守信是对高校学生的基本要求。在高校学生资助管理中，高校结合实际工作开展诚信教育，有助于提高学生的诚信水平，有助于提高资助工作的成效。学校可以通过形式多样的教育活动，树立学生诚实守信的责任意识；可以通过加强贷款知识的普及和学校关于学生弄虚作假的惩处规定，在制度上约束学生的失信行为。同时，高校要积极营造诚实守信的教育氛围，引导和鼓励学生时时讲诚信，事事彰显诚信。

②开展感恩教育，培养学生感恩情怀。多年来，党和国家一直重视对家庭经济困难的高校学生的资助工作，每年投入大量的人力、物力、财力。尤其是新资助政策实施以来，国家从政策、制度、机构、队伍、资金上予以保障，确保每位学生不因经济困难而辍学。作为资助政策的最大受益者，经济困难的学生应具有感恩情怀，饮水思源，以实际行动回报国家。为此，在高校学生资助管理中，高校既要把党和国家的温暖传达给每位学生，也要注重培养学生的感

恩意识，使他们懂得感恩、学会报恩。比如，可以组建由全部受资助学生参与的“爱心使者团”，每名成员每学期至少参与一次社会公益活动，通过自发成立、运营的“爱心超市”，募集物资，向其他贫困学生提供援助；成立“爱心学校”，组织“爱心使者”到社会上的希望中学、农民工子弟学校、聋哑学校进行义务支教，实现困难学生由“他助”到“自助”再到“助人”的精神跨越，激发学生的感恩情怀和社会责任感。

③开展自强教育，树立学生自强自立的品质。高校学生管理的本质是培养全面发展的人。高校学生资助管理的重要目标之一，是要实现学生从“他助”到“自助”再到“助人”的转变。同其他学生相比，家庭经济困难的学生的自强自立意识更强，渴望通过实现自我改变命运的想法更明显。因此，学校要从满足学生的实际发展需要出发，针对不同教育阶段学生的不同特点开展相应的自强自立教育，同时鼓励学生投身社会实践，自觉到基层一线去发挥才干，到艰苦的环境里去经受锻炼，到祖国和人民最需要的地方去建功立业。

3. 高校学生资助管理的原则

高校学生资助管理的核心理念是“以人为本”，即确保公平、注重效率、崇尚尊重、资助育人。

（1）确保公平的原则。确保公平是高校学生资助管理的基本要求。建立健全家庭经济困难学生资助体系，就是从制度上解决家庭经济困难的学生的就学问题，促进教育公平。因此，高校学生资助管理要时刻以公平为基本原则。

在资助管理中贯彻公平原则，重在把握四个环节。首先，在资助政策制定时，资助工作管理者要时刻牢记和体现公平原则，确保政策的制定建立在充分了解和考虑所有学生的基础上，最好能让学生也参与到政策制定的过程中，充分保证学生的发言权、知情权。其次，资助工作管理者要高度重视家庭经济困难的学生的评定工作，让所有有困难的学生都能进入资助范围，并且根据实际情况对学生的困难程度进行分类，为有针对性地实施资助奠定基础。再次，资助工作管理者在设计资助项目时，要根据学生的不同需求，设立灵活多样的资助项目，划分不同的资助额度等级，保证项目能与学生的需求有效对接。最后，资助工作管理者在实施资助的过程中，要时刻做到政策公开、信息公开、程序透明，并且加强资助后的监督工作。

（2）注重效率的原则。效率是评价资助管理的重要标准。提供充足的经费，提高经费的使用效率，是教育资源分配的核心原则。社会经济和高等教育的发展，都特别重视投入资金的使用效率。这就使有效地使用有限的教育资源成为各国高等教育财政，尤其是高校学生资助政策中一项不容忽视的指标。

在我国，新资助政策体系的建立充分体现了效率原则，力图从制度上建立一个长期、规范、系统的资助政策体系，谋求解决家庭经济困难学生的经济问题的治本之策、长远之计。

在资助管理中，效率原则体现在四个方面。一是资助政策的针对性。要科学设计针对不同学生的资助方案，避免出现资助强度偏大或偏小的情况。同时，科学规划、设计资助项目，努力达到资助目标，避免资助资源的浪费。二是资助政策的激励性。在资助项目的设计和实施中不仅要帮助学生解决经济困难的问题，而且要激励学生努力学习、全面发展，提高人力资本投资收益。三是资助政策的持续性。高校在制定资助政策时要尽量保证持续和稳定，这要求项目本身既有持续的资金来源又符合学生的长期需求。四是资助实施的高效性。资助工作任务重、要求高。高校要积极整合管理资源，加强机构建设，理顺工作机制，运用信息手段，不断提高工作效率。

（3）崇尚尊重的原则。尊重是对资助工作管理者与资助对象间关系的基本定位。在以人为本理念的指导下，资助管理工作要走出客体状态，成为主体，管理者与管理对象之间应是主体间性关系。这种关系的基本特征是平等、尊重。家庭经济困难的学生是一个特殊的学生群体，他们更需要平等、尊重。他们面临经济困难，有获得资助的需求。同时，他们也处在生理和心理发展的关键期，有着追求平等和个性、追求知识的需要，资助政策应该能满足这种需要，而不是建立在破坏这种需要的基础上。因此，高校资助管理工作者要格外注意，在资助的同时不要伤害学生的自尊，这就要求在高校学生资助管理工作中彻底践行尊重原则。

在资助管理中，崇尚尊重主要体现在五个方面。一是尊重事实。主要体现为了解学生，只有充分了解家庭经济困难学生的心理、精神、生活等各方面的情况，才能做到设身处地、感同身受，才能给予学生最需要的帮助。二是尊重意愿。是否需要资助，接受何种形式的资助，都要基于学生本人的意愿，不能硬性地机械实施。三是保护学生的隐私。资助工作常常涉及大量的学生个人信息，有些属于个人隐私，要注意保护学生的隐私权不受侵犯，避免学生个人信息外泄。四是保护学生的自尊。资助实施要充分体现人性化，让学生有尊严地接受资助，不要让学生因受资助而感到尴尬、自卑。五是给予学生充分的关怀。广大青年学生是祖国的未来、民族的希望，对于家庭经济困难的学生，资助工作管理者要投入更多的精力、倾注更多的情感，满腔热情、周到细致地从

事资助工作。

（4）资助育人的原则。资助育人是高校学生资助管理的重要目标。首先，这是“以人为本”理念在资助工作中的具体体现。“以人为本”理念要求所有的教育工作时刻以学生的发展为根本目的。资助管理是学校教育管理中育人的重要方面，也必须以促进学生发展为最终目的。其次，家庭经济困难的学生的实际情况决定了资助育人的必要性和紧迫性。

行为规范和价值观念体系会阻碍学生的发展。因此，资助工作不仅要满足学生在校期间的物质需求，确保其受教育机会均等，而且要满足学生长远发展需求，帮助学生提高综合素质，确保学生能够靠自身力量彻底走出贫困。

在资助管理中实现资助育人。一方面，要从解决学生的实际困难出发，结合资助工作契机，在资助实施中渗透教育。比如，将国家助学贷款政策与诚信教育密切结合，塑造学生诚实守信的良好品格；积极实施国家助学贷款代偿政策，引导和鼓励学生到国家最需要的艰苦地区、艰苦岗位和基层工作，用自己所学的专业知识努力回报社会；奖学金的发放可以激发学生积极向上、奋发学习的热情；鼓励学生参加勤工助学活动，培养学生勇于面对困难、自强自立、艰苦奋斗的优良作风。另一方面，要从满足学生的实际发展需要出发，针对不同教育阶段学生的不同特点，在学校教育的大背景下，有的放矢地开展丰富多彩的专项教育活动，取得让学生增信心、长才干的效果。

（二）高校学生勤工助学管理

勤工助学是解决学生经济困难的重要手段，目前，已经成为各高校的共识。勤工助学活动能够引导家庭经济困难的学生自强自立，通过自己的合法劳动得到相应资助，同时提升自身的素质。

1. 高校学生勤工助学管理的内涵和意义

高校学生勤工助学是指学生在学校的组织下利用课余时间，通过自己的劳动取得合法报酬，用于改善学习和生活条件的社会实践活动。勤工助学是高校学生资助工作的重要组成部分，是提高学生综合素质和资助家庭经济困难的学生的有效途径。通过勤工助学实践，高校可以更好地帮助高校学生培养劳动观念和职业道德，锻炼品格毅力，提高综合素质，实现德智体美劳全面发展。高校学生勤工助学管理，按照国家的文件界定，是指规范管理高等学校学生勤工助学工作，促进勤工助学活动健康、有序地开展，保障学生的合法权益，培养学生自强自立精神，增强学生社会实践能力，帮助学生顺利完成学业的一种重要举措。

加强高校学生勤工助学管理是实现资助家庭经济困难学生的重要途径。作为高校学生资助管理的一部分，高校学生勤工助学管理的工作目标也离不开对家庭经济困难的学生的资助与教育。在高校家庭经济困难学生资助体系中，勤工助学起着重要的主导作用。与直接为学生发放补助相比，勤工助学鼓励家庭经济困难的学生通过劳动付出获取工资报酬，降低了资助带给学生的精神负担和舆论压力，是帮助其减轻经济负担的重要途径。

加强高校学生勤工助学管理是提高高校学生综合素质的有效形式。高校学生在高等教育中通过课堂和实践两种途径获取知识、提高能力。现代高等教育十分注重实践育人，遵循高校学生的成长规律和教育规律，积极引导广高校学生在服务社会的实践中提高自身素质，为学生增强自身综合素质提供实践的机会和平台。高校学生勤工助学是校园与社会的衔接点，通过勤工助学，高校学生可以学以致用、提高自身综合素质。勤工助学管理可以为高校学生在实践中检验、提升理论知识创造条件，同时也通过事务、管理、服务等类型的具体工作，锻炼学生表达、组织、沟通、协调等实际能力，成为提高高校学生综合素质的有效形式。

加强高校学生勤工助学管理是推进高校学生思想政治教育的重要举措。新形势下，资助家庭经济困难的学生不仅可以解决学生的经济困难，还能培养学生艰苦奋斗的精神和自强自立的品格。同时，高校学生通过勤工助学感受合作、交流、竞争的社会氛围，这一过程是高校学生思想政治教育的有效延伸，有利于高校学生在具体环境中全面、客观地观察问题、分析问题、解决问题，正确分析和评价现实生活中的各种社会现象和矛盾，树立正确的世界观、人生观和价值观，以指导自己的实际行动。高校学生还可以通过勤工助学加强自身教育，树立良好的劳动观念和道德观念，增强社会责任感与自强自立意识，努力成为合格的建设者和接班人。

2.高校学生勤工助学管理的内容

在高校学生勤工助学管理中，岗位开发是前提，岗位管理是基本任务，学生培训与管理是核心内容。

（1）勤工助学的岗位开发。勤工助学岗位可以分为固定岗位和临时岗位。固定岗位是指持续一个学期以上的长期性岗位和寒暑假期间的连续性岗位。临时岗位是指不具有长期性，通过一次或几次勤工助学活动完成任务的工作岗位。高校应本着立足校园、服务社会的原则不断提供勤工助学岗位，满足学生对勤工助学岗位的需求。

①深入挖掘校内资源，努力开发校内勤工助学岗位。深入挖掘校内资源，开拓更多的校内岗位，是勤工助学岗位开发的重点。学校资助管理部门可以根据具体情况，主动与校内行政机关、教学单位、科研单位、校办产业、后勤服务单位联系，建立长期合作关系，为学生提供助研、助教、助管岗位。在开发勤工助学岗位时，高校应把握育人原则，注重将高校学生所学专业知识、社会需要和创业机会有机结合起来，根据学生的专业优势和技能特长，积极开发和学生专业密切结合，有利于学生发展，有利于提高学生综合素质的岗位。

②主动拓展校外渠道，积极开发校外勤工助学岗位。勤工助学活动既要立足校内，也要面向社会拓展。随着学生对勤工助学岗位需求的增加，校内岗位逐渐饱和，开发校外勤工助学岗位已成为重要的工作内容。学校要主动与社会企事业单位联系，介绍家庭经济困难的学生的情况，争取开发更多的社会勤工助学岗位。

③建设勤工助学实体，孵化勤工助学岗位。勤工助学实体是指在学校指导下由学生自主经营、管理的勤工助学性质的营利性实体。在不影响学校正常教学、管理秩序的条件下，建设勤工助学实体既可以丰富学校勤工助学资金的来源，又能够孵化一批勤工助学岗位。同时，在经营、管理实体的过程中，高校要为学生提供充分的展示空间和实践载体，真正发挥勤工助学的育人功能。

（2）勤工助学的岗位管理。勤工助学岗位管理主要包括以下三个方面的内容。

①统一管理勤工助学岗位。勤工助学活动应由学校统一组织和管理，这是保证勤工助学活动健康开展的前提条件。《高等学校学生勤工助学管理办法》规定，勤工助学活动不能影响学校正常教学秩序和学生正常学习。因此，有意愿开展勤工助学活动的单位或个人，要到学校学生资助管理机构申请登记，经学校学生资助管理机构批准后方可招聘学生开展勤工助学活动。

②合理分配勤工助学岗位。勤工助学岗位分配是勤工助学管理的重要环节，岗位分配公平与否直接影响着资助公平能否实现。因此，如果要科学、合理地分配勤工助学岗位，就应坚持信息公开和竞争上岗的原则。勤工助学岗位分配一般包括以下环节。第一，对申请勤工助学学生基本信息进行整理、分类，形成勤工助学学生信息库。第二，对学生进行岗前培训，使学生了解和掌握勤工助学基本常识。第三，结合不同年级、不同专业学生的特点和特长，对学生进行初步分配。第四，对分配到岗的学生进行试用，试用期考核合格的学

生，与用工单位签订协议书，考核不合格的学生，等待重新分配。

③实现勤工助学岗位轮换。勤工助学是最受学生欢迎的资助方式，而高校勤工助学岗位毕竟是有限的，往往供不应求。在勤工助学管理中，高校要定期对岗位进行核定，实行岗位轮换制。岗位轮换可以缓解岗位不足的问题，保证更多的人参与勤工助学活动。

（3）勤工助学的学生培训与管理。学生既是勤工助学活动的主体，也是勤工助学管理的主要对象。在勤工助学管理中，高校要加强对学生的教育、管理，使学生在勤工助学活动中得到充分的锻炼，充分发挥勤工助学资助和育人的双重作用。勤工助学学生管理主要包括岗位培训、安全保障、教育管理和薪酬管理等四个方面内容。

①岗位培训。岗位培训是提高勤工助学学生综合素质的重要手段，是实现勤工助学资助育人功能的重要环节。勤工助学岗位培训包括岗前培训和在职培训，贯穿从学生申请勤工助学岗位到学生从事勤工助学活动的整个过程。岗位培训的内容主要有三个方面。一是勤工助学常识，使学生了解勤工助学基本业务流程、勤工助学活动中常见的问题及解决的途径。二是勤工助学工作需要的基本技能，包括着装礼仪、人际交往、办公软件等，使学生掌握工作技能，尽快适应工作。三是法律法规，如《高等学校勤工助学管理办法》《中华人民共和国劳动法》《中华人民共和国民法典》等，学生通过学习法律法规了解在勤工助学过程中应有的权益、常见权益纠纷及解决途径，能学法、懂法、依法做事。

②安全保障。由于高校学生涉世不深、阅历不足，高校在组织高校学生参与勤工助学活动时，要严格管理，加强对学生进行安全教育，保障学生在勤工助学活动中的安全和权益。

首先，高校在开展勤工助学活动前，要严格审查用工单位的资格，确保用工信息的可靠性。对用工需求，尤其是校外用工需求，严格核实用工单位或个人信息，防止学生上当受骗。主要核实两个方面的内容。一是用工单位或个人的资质。在用工单位或个人提出用工需求时，务必要求对方提供有效证件，明确用工单位或个人的身份。二是用工信息的真伪。在核实用工单位或个人身份后结合用工方经营业务、结合用工需求信息，通过其上级主管部门或工商行政部门等核实其用工信息的真伪。

其次，签订劳动协议，确保学生在勤工助学过程中的合法权益得到保护。在校内开展勤工助学活动时，学校的学生资助管理部门必须与学生签订具有法律效力的协议书。在校外开展勤工助学活动时，学生勤工助学管理服务组织必须经学校授权，代表学校与用人单位和学生签订具有法律效力的协议书。签订协议书并办理相关聘用手续后，学生方可开展勤工助学活动。

最后，加强对用人单位招聘和聘用学生过程的监督。对有损学生合法权益的行为，应纠正其错误行为或取消用人单位招聘学生勤工助学的资格。切实保障学生勤工助学应得的合理报酬，防止克扣和拖欠。在勤工助学活动中，若出现协议纠纷或学生意外伤害事故，协议各方应按照签订的协议协商解决。如果不能达成一致意见，那么应按照有关法律法规办理。

③教育管理。勤工助学是社会实践的重要内容之一，要充分发挥好勤工助学的育人作用，开展思想政治教育，使高校学生在勤工助学活动中受教育、长才干、作贡献，增强社会责任感。学校要加强对勤工助学学生的思想政治教育，帮助学生培养自强自立的精神、勤俭节约意识；引导学生拓展知识面，发挥最大潜能，提高综合素质；培养学生的诚信意识和责任心，鼓励学生诚实守信，加强学生的社会责任感。

④薪酬管理。薪酬是对勤工助学学生付出劳动的回报，对缓解其经济困难有重要作用，也是对学生工作行为、工作态度和绩效评价的具体体现，具有激励效果。因此，高校应本着公平、公正、公开和按劳分配的原则，在确定薪酬时，既确保家庭经济困难的学生的经济需要，又体现一定的激励作用。

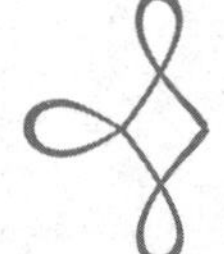

第三章　高校学生管理

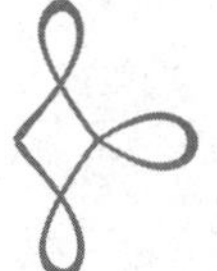

第一节　高校学生社区管理与实践研究

随着我国高校改革的进一步深入，以寝室为单位的学生社区的地位日益突出。学生社区是社区概念在学校管理中的反映，学生社区是大学生在校学习、生活、休息的基本活动场所。社会学研究表明，第一，社区是一种地域上的存在；第二，社区的实质是人的聚居与互动。社区的特点是居民共同居住在一起，具有文化功能。就一所高校而言，学生社区指这所高校的所有寝室和周边环境（学生公寓），以及这种环境所能达到的最大的育人功能。

一、高校学生社区管理的内涵与背景

（一）高校学生社区管理的内涵

高校学生社区主要包含两个内涵，一是指区域环境，二是指文化功能。区域环境主要体现在两个方面：一方面，学生社区是校园区域组成部分之一，是校园内的地理分区，是学生的居住区；另一方面，学生社区也是学校的一个重要管理区，学校与学生社区存在某种程度上的隶属关系。

在完全学分制实施的背景下，学生群体间专业、班级甚至年级的界限日益模糊，而作为学生居住区的学生社区的地位随之上升，满足学生以居民身份与学校、相关社会机构进行实质性对话的要求。文化功能更多地表现为社区人文环境与居民生活的相生相融，成为社区居民接受文化教育的主要阵地。学生社区在文化功能上还要承担更多的责任，要确保“文化为了教育，教育为了学生”，因而具有更加鲜明的目标和内容指向。

高校学生社区的主要功能就是要使学生社区成为高校德育工作中的一个有效环节。它承担的主要任务是为未来社会培养合格的社会公民，即要培养适应社区生活，与社区其他居民和谐相处的居民。一个社会的现代化归根结底是人的现代化，是人的意识和人的才能的现代化。社区作为社会的重要组成部分，它的现代化更离不开其居民，即社区成员意识的现代化。因此，培养具有社会

意识的现代人必然成为现代教育的任务之一。学生社区作为社区的特殊形态，同样要求其居民（以学生为主体）以社区理念处理社区事务。从这一角度看，学生社区承担着向居住在其中的不同年龄、不同性别、不同生源、不同专业的学生传输现代社区意识，将其培养成为积极参与社区事务、能适应并完善未来居住环境的合格居民的任务。因此，学生社区更像一个准社区，就如同学校向各行业输送人才一样，它负责向未来的社区输送高层次的居民。

由此可见，区别于城市一般社区和农村社区，学生社区是附属于学校的，由定期流动的学生和相关管理人员组成，在具备相应的物质功能的同时，还应形成相应的育人功能的一种特殊形态的社区。它不仅有显而易见的区域含义，而且是一个通过整个学生社区成员（主要指学生）的积极参与和依靠学生社区的创新精神来完成其育人功能的过程。同社区一样，“学生社区”一词也有一种温暖的劝说性意味，它是一种情感力量，让学生具有对物质环境的归属感。在同一学生社区里，不同学生的关系建立在相互依存和互惠的基础之上，这种相互依存和互惠是自愿的、理性的，是通过自主参与实现的。学生参与是学区存在的反映，只有通过学生参与才能将学生的多样性以及他们归属学生社区的不同方式具体表现出来。

（二）高校学生社区管理产生的背景

我国高等教育现代化和国际化发展趋势需要一种符合高校学生教育管理的新模式。为了克服高校持续扩招带来的后勤设施不足的问题，我国高校借助国外发达国家高校后勤社会化的管理体制，或引进社会资金，或集资联建，或贷款与集资相结合，大力兴建学生公寓，并推行了后勤社会化管理，较稳定、快速地解决了学生的学习、生活、文化活动等设施建设存在的经费短缺问题。但后勤社会化却带来了高校管理的“二元化”问题，即对学生的学习实行的是与西方高校不同的传统教学行政管理，而对学生的生活却推行了类似西方大学的社会化管理，教学行政管理与社会化管理事实上存在于两个体系中。高校学生管理工作面临的挑战是怎样将行政管理与社会化管理两个体系合二为一，从而实现对学生人格教育的统一。

二、高校学生社区管理的理性思考

（一）社区化管理面临着机遇和挑战

全面实施学生社区化管理已经迈出了高校学生思想政治工作中具有代表意义的一步，在国内各高校先后进行的各种形式的理论研讨和实践探索，解决了部分理论和操作问题。但是全国高校地域分布广泛、办学特色不一、教育环境和教育条件参差不齐等因素，决定了任何一种管理模式的形成都要经历一定的过程。社区化管理在实践探索过程中仍存在许多具体挑战，主要表现在以下四个方面。

一是内部机构关系和运作方式尚未完善，需要做到以下几点：构建并处理好教学、招生、就业三大平台之间的关系；需要进一步处理好教学管理与教育管理、社会化服务管理之间的关系；科学分析和分配学生教育管理平台内部机构间的权重等。

二是对实施学生社区化管理的后续问题重视程度和研究不够，前瞻性理论探索较少。例如，对“随着改革的进一步深化，政治、经济、社会、文化、教育等诸多方面将会出现许多新的变化，学生社区化管理要怎样适应这些变化”等问题缺乏研究。

三是急需提升学生社区的价值，使学生社区在学校机构设置、运行体制、社会效益、育人过程中体现出更大的效度和影响力。

四是在跨省（市）大学城和同省（市）多所大学集聚的大学城存在着学生社区管理不统一的问题，由此可能导致一些不稳定因素从管理的薄弱环节滋生，有可能成为影响全局稳定的因素。

（二）社区化管理的对策

高校学生社区化管理无论是作为高校适应社会发展的需要，还是内部区域管理策略，或对学生进行方向性教育的过程之一，都有着十分重要的现实意义。在现有的基础之上展开这方面的建设，应注意以下四点。

1. 借鉴国内外高校学生教育管理模式，不断加强实践探索和理论创新

传统的学生工作观念一直轻视寝室的育人功能，将寝室当作完全物化性存在，因而相关人员在实际工作中只重视对学生生活环境的维护与保持，没有自觉地发挥寝室作为学校育人环境之一的应有作用。而且，相关人员的工作视角

单纯地停留于单个寝室，而未能将以寝室为单位组成的学生社区纳入视野，也很少注意学生社区育人功能的发挥。

在高校，学生的专业教育一般由各个教学系（院）来完成，学生的思想政治工作则由学校和学院具体的学生工作机构来完成，学生的物质生活需求由后勤部门来满足，而对学生进行生活训练，培养其成为遵守社区规范、具备相应社区意识的文明公民的教育任务却没有一个成型的组织来承担。这无疑是大学教育的一个疏漏，从这个角度讲，建立学生社区，完善学生社区管理，是完善高校育人职能、优化高校育人环境的必要举措，是当前高校学生工作迫切需要解决的问题之一。只有自觉地将学生社区建设纳入学生管理工作中去，并给予其应有的地位，学生社区培养现代社区公民的育人功能才有可能被激发出来。

因此，在加强理论建设和创新方面，一定要贯彻开放办教育的理念，不断增强学习意识，不断加强理论建设。高校学生社区化管理需要改革者的开放观念和博大胸怀，通过不断比较发现差距，促使其在社区化管理的过程中自觉、主动地探索理论，积极准备改革所需的条件：应提倡各高校之间的交流与合作，互促互进，在实践中不断积累宝贵经验；应夯实理论基础，加强理论建设创新，为高校学生社区化管理向纵深发展而共同努力。

2.完善运行体系、解决机制问题是社区化管理的关键所在

机制是学校社区化管理不可或缺的条件，建设好学生社区需完善三大机制，即学生社区运行机制、学生社区志愿者参与机制和学生社区内部激励机制。学生社区的运行机制是学生社区得以正常运转的前提。运用学生社区公共设施和相关权力，以满足服务需求为目标，不断提高服务质量，保持服务的功能成本，长期维持服务的再生产，这种周期性的进程状态即学生社区的运行机制。这一机制本身说明学生社区组织是非营利性的，或者说非营利性是学生社区行为的特征之一，是学生社区自我服务、自我调节功能的体现。实现这一机制良性运转的关键是服务质量，而服务质量也是确立学生社区形象的基础，是学生社区存在的必要性证明。

学生社区的志愿者参与机制是培育学生社区人文生态环境的深层次社会文化问题。在学生社区中建立一支具备一定数量和质量的志愿者队伍，不仅是一种管理现象，更是一种文化现象。事实上，志愿者本身就是社区成员积极参与社区事务的显性表现。在学生社区，志愿者的行为是建立一个以人为本、文明互助、共同参与的和谐学生社区的重要途径。

学生社区的内部激励机制是学生社区凝聚人心、发挥作用的保证。学生社

区这一非营利性组织能否像企业一样具有关注效率的动力，主要体现在两个方面。其一，非营利性组织的动力主要在于获得居民的满意和社会的认可，这是一种深层次的心理需求。市场经济条件下人们容易为利而动，在这种情况下，为他人和社区努力工作的人尤其会得到他人和社会的尊重。其二，个人运用社区职能，通过解决社区矛盾进而解决个人问题，是弥补个体力量薄弱、无法对抗集团侵害的有效途径。一个发育良好的学生社区环境通过事务公开化、透明化，将工作者的各种努力、成绩、困难和失误显现出来，靠来自外部的反应去推动自己努力改进工作，从他人眼中看到自己的状态，从而调整自己的行为，进而完善自我，这就是学区的内部激励机制。

3. 教育管理结构和管、教关系的调整与平衡

学生社区建设是一项系统工程，必然需要对原有学生社区管理结构进行调整，这时要科学地处理教育和管理的关系。首先必须结合高校实际对原有学生工作进行结构性调整，并建立健全相应的规章制度。要想从根本上解决这些问题，还需要处理好管理载体、教育平台、育人方式等全方位的问题，头绪纷繁芜杂，加之无成型的经验可借鉴，因此面临的问题和难度比较大。但以结构调整作为切入点，是一个比较可行的思路。具体来说，要处理好以下三种关系。

一是各级学生社区与社区总管理委员会之间的关系。各学生社区管理委员会在人事安排上是一致的，都是根据三大职能安排负责人。学生社区总管理委员会由专职政工人员组成，负责相关政策制定、处理学生社区与校内外各机构之间的关系、领导学生社区等工作。各分委会的工作重点落实在学院一级，它依托学生专业而保持相互之间的独立性，同时与总管理委员会保持一致性。各分委会是学生社区管理的基层组织，它直接与楼层和寝室建立联系，同时可在力所能及的范围内与相关单位交涉学生社区事务，应具备相对独立自主的能力。

二是校学工部、团委与学生社区总管理委员会的关系。学生社区总管理委员会是校学工部的职能部门之一，是学生社区管理中最具有实权的管理层，尤其在实现学生社区维权功能方面，其作用更加明显。学生社区主要通过总管理委员会实现与相关部门的平等对话，解决实际问题。团委介入学生社区管理，主要体现在对学生社区成员的思想教育与严格管理方面。各学院学生工作办公室的主要负责人一般也是学院的团总支书记，而共青团的介入有利于加速形成一支由各院（系）团总支专职干部和各学生辅导员组成的宿舍思想教育、纪律管理、寝室内务管理队伍，有利于各项活动的协调，保证宿舍后勤管理的顺利

开展。同时，团委是学生思想政治工作与校园文化工作的主角之一，团组织又直接指导各级学生会组织，有利于将寝室文化活动纳入整个校园文化建设并进行综合考虑，从而引导寝室文化向高层次发展。

三是校学工部与学生社区的关系。就单一高校组成的学生社区而言，这层关系可以体现某种专业特色。以专业安排学生寝室的高校，可使整片宿舍区基本上形成专业区，很多基层工作需要在这一层面来组织和解决。高校学生工作办公室可以通过本校学生会来协调与支委的关系，这其实也是将基层学生工作重心由班级向寝室转移的一种方式，从而使学生社区成为校园内各项学生活动展开的活跃区域之一。就多所高校组成的大学城而言，这种关系还必须增加一层，即各学校学工部门与大学城管委会之间的协调关系，各类管理工作与活动除了考虑本校的相关特色，还应通过大学城管委会与大学城内其他高校协调，使其活动或管理产生更大的规模效应。

要根据学生社区的三大职能，即自我管理职能、维权职能和自我服务职能，设立相应的管理机构。从人事角度来讲，在大学城管理总委、分委、支委内各自安排人员以执行这三大职能。学生社区管理支委设学生社区区长一名、副区长一名、志愿者队长一名，也可根据实际情况适当增加管理人员数量，从而形成以学生社区区长、志愿者队长、楼长、宿舍长为主的学生社区管理基层机构。校院级学生社区管理机构可在原有学生寝室管理机构的基础上合理增加，或加强学生社区的相应职能（例如，学生权利维护等）。

制度和机构设置要同步。为了学生社区工作的顺利开展，制定相关制度是必要的。但从目前学生工作的状态来看，能否保障学生社区管理委员会具有相应的学生社区管理权力，能否保障学生作为学生社区居民与学校、后勤等部门具有平等对话的权利，以及能否保障学生通过民主渠道参与学生社区乃至学校相关事务是影响学生社区生命力的决定性因素。

要细化管理规章，解决管理的薄弱环节。这对于多所学校组成的大学城的管理来说尤为重要。一定要通过管理规章的细化与统一，解决不同学校在管理上的疏漏。现阶段，各地的学生社区建设面临许多新问题，如学生社区规划问题、学生社团活动如何与学区管理结合问题、学生社区矛盾与纠纷是否应用法律手段解决等，这些问题都现实地摆在大家面前。实行学生社区管理无疑是符合高校教育规律的，它体现了思想政治教育与规律工作相结合，融入了学生具体生活实践的德育原则，提高了学生工作的规律层次，有利于学生自立、自主、自强意识的培养，有利于为社会培养具有现代人文意识、现代生活观念的社会主义新型公民。

4. 准确把握高校学生社区化管理的发展方向

随着高校社会化改革的不断深入，高校学生社区化管理应该向哪些方面发展是目前需要讨论的重点问题。学生社区应该成为培养德、智、体全面发展的人才及“管理育人、服务育人”的重要阵地，应该是影响高校学生成长成才的重要环境和学校精神文明建设的窗口。因为传统的管理模式已不能适应高校的发展，所以学生社区化管理势在必行。从高校社区化管理的发展方向来看，不断完善学生社区的教育管理机制，积极探索学生社区管理的新思路、新办法，建立新型学生社区管理模式是今后发展的方向。其主要内容体现在以下两个方面。

第一，智能化管理方向。管理智能化就是借助信息技术手段，建设学生生活网络和社区管理服务网络，用计算机等现代科学技术进行科学的管理和服务，体现高效管理，实施高效服务。例如，对几栋学生宿舍形成的社区实行联网管理，实行刷卡进出制度，这样既能减少管理人员，又能杜绝外来人员的进入；对学生社区内部的床位、电费、水费管理等都实行智能化系统管理，在此基础上增设学生社区 BBS、公寓管理员信箱和住宿信息、电话号码、火车时刻、住宿费、超额水电费、卫生考评等网络查询功能，将现实世界、书本世界和虚拟世界有机结合，通过网络服务平台为学生提供更加方便快捷的生活服务。

学生社区的智能化管理就是建立智能社区，进行各方面的管理，促使管理模式的合理化、管理方法的科学化。智能化社区的建立，对学生公寓的安全管理，尤其将学生进出、消防报警、用电负载识别等上升到了一个全新的层次。广泛运用计算机平台的自动化技术和智能化技术开展这些工作，可以大大提高管理的效率、准确性、可靠性和安全性，还可以解决许多单靠人力不能解决的问题。通过实时计算机管理，可以随时了解入住学生的基本情况和日常动态，使服务方与学生之间双向联系，使社区管理信息流通，推进管理科学化、智能化的进程。

第二，人性化管理趋势。人性化管理源自企业管理范畴，指通过“以情服人”来提高管理效率。通俗地讲，人性化管理的实质就在于充分尊重被管理者的自由和创造才能，从而使被管理者愿意怀着满意或者是满足的心态，以最佳的精神状态全身心地投入到工作当中去，进而提高管理效率。人性化管理是情、理、法并重的管理，而不是放任的管理。这种管理方式对高校的学生社区化管理同样适用。

人性化管理的核心是以人为本，应充分相信学生的自我管理能力，尊重学生的权益，鼓励学生自主和创新，不能把学生当作没有思想、没有自主能力的群体。高校学生社区化管理要实现人性化，管理者首先要看到每个学生身上的闪光点和个性，以亲和的态度去了解他们、关心他们、教育他们，进而管理他们。比如，可以让高校政工干部进入学生社区；可以选派优秀的学生干部进驻社区，与学生同吃、同住、同生活；可以让社区管理者经常深入寝室，了解学生的生活状况和思想动态，帮助学生解决实际困难，把解决学生的思想问题与解决实际问题密切结合起来。政工干部进学生社区，对转变政工干部的观念和学生的认识，加强学生与辅导员之间的沟通，拉近与学生的距离具有实效性，能够真正做到使思想政治教育工作贴近学生学习、贴近学生生活、贴近学生心理，确保思想政治工作的有效开展。

人性化管理对教育管理者提出了更高的要求，要求管理者放下“以上率下”的特权，转变“先入为主”的视角，重新审视师生关系，科学地处理制度与人的作用之间的关系。在人性化管理中，要摒弃以制度和惩罚措施压迫他人的方式，要以管理者自身的人格魅力去教育人，构建一种深层次的管理者与被管理者之间的和谐关系。具体来说，学生工作部门和具体执行者首先要严格要求自己，做到制度制定的合理性、科学性和可操作性，制度执行的一致性和公平性，以及针对特定情况的灵活性。在接触到具体管理对象时，要以人性的关怀和理解为管理动力，寻求两者间的良性互动，从而达到思想政治工作需要的效果。

第二节　高校学生社会实践的管理与创新

一、高校学生社会实践的管理

（一）社会实践的重要意义

1. 社会实践的含义

高等学校的人才培养途径是多种多样的，其中正确引导学生参加社会实践就是其中重要的一种。在早期的大学里，人才的培养主要是通过在课堂上系统地传授理论知识来实现的。随着社会生产力的不断提高，对教育和人才培养也提出了新的目标，那种仅仅靠传授理论知识的方式已渐渐显得不适应。因为现代化的生产过程不仅要求人才掌握大量的理论知识，而且要求人才具有较强的动手和创造能力，具有科学的社会观，具有较高的道德素质和心理素质，这些方面仅仅靠课堂教学是难以完成的。所以，现代工业产生后，社会实践就作为一种重要的教育方式被引进大学的教育过程，其重要作用日益引起人们尤其是教育工作者的重视。

高校学生社会实践是一种以实践的方式实现高等教育目标的教育形式，是高等学校学生有目的、有计划地深入现实社会，参与具体的生产劳动和社会生活，以了解社会、增长知识技能、树立正确的社会意识和人生观的活动过程。高校学生社会实践是高等学校教育活动的重要环节，它与课堂教育相辅相成，共同完成高校的人才培养任务，实现学生的全面发展。

2. 社会实践的重要意义

（1）社会实践是高校学生树立科学世界观的需要。世界观是人们对世界的一般看法和根本观点。任何正常的人在其生活的过程中都会形成自己的世界观，但由于个人生活环境、所受的教育和影响不同，人的世界观也有很大差异。总的来说，世界观有正误之分，要将正确的世界观理论化、系统化，变成科学的世界观。要想让大学生形成正确的世界观，需要有两个方面的努力：一是高校学生要经常与社会接触，不断通过事物的表面现象深入事物的本质，从而不断校正原来肤浅的或错误的认识，使自己的认识符合事物的本质及规律；二是要对高校学生进行系统的思维训练，通过学习前人正确的世界观理论，了解人们在世界观上容易走上歧途的种种可能，让高校学生经常对自己的世界观进行反思，并不断地充实新的、科学的内容。因而，社会实践对高校学生建立科学的世界观很有必要。高校学生参加社会实践的意义主要包括以下三个方面的内容。

其一，参加社会实践活动是高校学生确立唯物主义历史观的需要。高校学生正处于青年时期，可塑性很强，是世界观、历史观形成的关键阶段。高校学生系统的专业知识学习和思维训练，对于高校学生形成唯物主义历史观是有帮助的。但就目前情况来看，高校学生接触社会的机会不多，社会经验不足，大部分学生对社会的看法过于简单化、片面化、理想化，这对大学生形成正确的历史观十分不利。克服这一不利的根本途径就是让高校学生走出校门，深入社会生活，在社会实践中了解社会，从实践中发现真理，使他们的历史观与现实生活相吻合。从政治理论课上学习历史唯物论，只能学到知识，而要使知识转化为信念，使所学的理论真正转化为学生的历史观，必须通过社会实践。

其二，参加社会实践活动是学生树立科学的价值观的需要。社会实践活动对高校学生形成科学的价值观有以下三个作用：首先，它可以帮助高校学生摒除理想中不符合实际的因素，使他们正确看待个人与社会的关系，培养脚踏实地的工作作风；其次，它可以帮助高校学生树立坚强的意志，培养无私奉献的精神；最后，它可以帮助高校学生接近群众、深入群众，为走与群众相结合的道路打下良好的基础。

其三，参加社会实践活动是培养高校学生社会主义信仰的需要。高校学生在不久的将来就会踏上工作岗位，成为祖国的栋梁之材，肩负起全面建设小康社会和实现中华民族伟大复兴的历史使命。因此，培养高校学生的社会主义信仰是高校学生思想政治教育的首要任务。而这仅靠读书是得不到的，必须在中国特色社会主义给我国带来的巨大变化、给广大人民带来的实惠中亲身感受和体验。

（2）社会实践是提高高校学生能力的需要。当代高校学生积极踊跃地参加社会实践活动，有利于弥补高校学生某些方面的不足。当代高校学生绝大多数是在学校的围墙中长大的，大都走的是从小学到中学再跨入大学的升学之路，致使他们有社会阅历浅、社会经验少、实践经验匮乏等弱点。只有在实践活动中，才能使书本知识与实践操作相结合。事实证明，通过开展社会调查、科技咨询、信息服务、义务劳动等社会实践活动，不仅可以使学生的智力资源得到直接的、有效的开发，达到分数与能力的统一，还可以使个性不同的学生通过实践活动各获所求、各取所需，弥补高校学生自身存在的不足。

（3）社会实践是知识分子与工农群众相结合的需要。回顾历史，凡是有所作为、有所创造的青年和知识分子，无不投入到轰轰烈烈的社会实践中。许多政治家、经济学家、教育家、军事家、文学家都是在社会实践活动中茁壮成长起来的。他们在实践中身体力行，为人们树立了榜样。所以，只有广泛、深入地参加社会实践活动，与广大工农群众相结合，才是高校学生健康成长之路。

（4）社会实践是全面建设小康社会、实现社会主义现代化建设的需要。当代高校学生将成为我国社会主义现代化建设的骨干力量，而高校学生参加社会实践，有利于他们在社会主义物质文明、精神文明、政治文明建设中大显身手，在专业知识社会实践、国情民情社会实践和树文明新风的社会实践中促进经济、政治、文化的平衡发展，从而为全面建设小康社会起到积极的推动作用。

（5）社会实践是高校学生社会化的需要。社会化是指个人与社会生活不断调适，使个人由“自然人”发展为“社会人”的过程。高校学生正处于社会化的最后阶段，在许多方面已趋向成熟，但为了适应社会生活，仍需进一步学习，首先就是要从社会实践学起。社会实践具有以下三点优势。

其一，社会实践可以增强高校学生的社会责任感。很多高校组织学生到基层开展社会实践活动，提高了学生对改革的复杂性、艰巨性的认识，增强了他们的社会责任感。在社会实践中，越来越多的高校学生认识到，社会需要的是热情的、直接参加这项伟大建设工程的人。通过社会实践，许多高校学生改变了原来自视清高的态度，自觉并充满激情地投入到学习、生活和工作中。

其二，社会实践可以推动高校学生实现社会角色的转变。社会实践活动能够帮助高校学生找到自己和社会要求之间的差距，看到自身知识和素质上的缺陷，启发学生对自己重新认识和正确评估，促使学生重新确立自我价值实现的基点，在纷繁复杂的社会中找到个人和社会的最佳结合点。

其三，社会实践可以促使高校学生与长辈们沟通以增进代际关系。在社会实践中，高校学生以普通劳动者的身份，直接参加社会财富的创造活动，促使他们形成尊重劳动成果、尊重长辈们的思想感情。在与长辈们的沟通中，高校学生被他们几十年如一日努力改善家乡面貌的精神所感动。同时，在这样的过程中，长辈们也看到青年高校学生的长处。总之，在社会实践中，两代人之间应相互沟通和相互理解，彼此消除对对方的偏见，进而有效地增进两代人之间的关系。

（二）社会实践的发展趋势

1. 社会实践活动社会化

高校学生社会实践活动作为教育活动的主要形式之一，具有三个基本的构成要素，即实践活动组织者、实践活动本体和实践活动主体。而这三个构成要素的社会化，则分别有其不同的含义。实践组织者的社会化是指动员全社会的力量来关心、组织高校学生的社会实践活动，这是实践活动社会化的基本条件；实践本体的社会化是指具体实践活动的内容与形式必须以社会需要和社会所提供的条件为基础，这是实践活动社会化的重要途径；实践主体的社会化是指通过实践活动，把社会的价值体系内化为实践参加者（高校学生）的价值体系，使之成为高度合格的社会成员，这是实践活动社会化的根本目的。由此可见，实践活动的社会化就是指动员全社会的力量，组织以社会需要和社会所提供的条件为基础的实践活动，达到把高校学生培养成为高度合格的社会成员的目的。

（1）实践活动组织者的社会化。从近年大学生社会实践的实际情况来看，凡是得到社会各界支持的社会实践活动，一般都取得了较好的成绩。但从发展的角度来看，当前社会实践活动社会化的程度还远远适应不了进一步发展的要求。社会实践活动的深入开展必然会出现人数多、空间广、时间长、效率高、内容实的特征，而这些特征的出现，必然要依赖社会各方更多的支持。其具体内容体现在以下三个方面。

第一，实践活动必须得到党和政府的支持。高校学生的社会实践活动作为国家培养高层次人才的重要环节，必定会得到党和政府的关心和支持。

第二，实践活动必须得到高校自身的支持。高校作为教育培养高校学生的责任承担者，具有直接组织学生进行社会实践活动的优势，而组织学生进行社会实践活动，又是高校完成人才培养任务的重要手段。因此，高校在组织大学生进行社会实践的过程中，应起到主导作用。

第三，实践活动必须取得社会团体和企事业单位的支持。通过社会团体可以调动更多的人来支持实践活动。企事业单位作为高校学生未来的工作场所，具有作为社会实践活动基地的现实意义，而实践活动在企事业单位开展，又必须有企事业单位提供的种种便利条件。

（2）实践活动本体的社会化。实践活动本体是高校学生有目的地与外界不断发展的现状发生联系并相互作用的具体实践过程。这一过程是大学生不断强化自身力量，促进自身全方位社会化的重要途径。实践活动的内容和形式必须以社会的需要和社会所提供的条件为基础。实践活动本体的社会化，应建立围绕教学的实践与其他方面的实践有机结合的理想目标模式。围绕教学的实践主要包括教学实验和教学实习等。这是一种配合课堂教学而进行的实践活动，它直接与学生所学知识以及自身具备的能力发生联系，是初级阶段运用最多、群众性最强的实践活动，也是学生进行其他方面高层次实践的能力准备环节。学校不应当过分追求其他方面的实践而忽视教学实验和教学实习。其他方面的实践包括社会考察、社会服务、勤工助学等。它间接地与学生所学知识和自身具备的能力发生联系，是学生围绕教学进行实践的成果检验。这种实践的主要形式有社会调研、参观访问、旅游观光、技术培训、咨询服务、社会宣传、科技

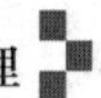

开发、挂职锻炼等。由于这些方面的实践和社会联系得更紧密，一般较受学生的欢迎，但必须注意使其在时间、资金、人力上同围绕教学的实践互不干扰，在学校统一布置的基础上使两者达到和谐的统一。

（3）实践活动主体的社会化。实践活动主体的社会化实际上要完成的是高校学生社会化的加速，是要将高校学生培养成为高素质的社会成员，是要通过社会实践使高校学生更快地在社会中汲取社会能量和获得社会信息，并通过各方面的自我调适，增强自身的能力和素质，完成自身全方位的社会化。促进实践主体的社会化，必须注意以下三个方面。

第一，实践主体自身系统应具有开放性。开放性系统要求高校学生不能在自我封闭的状态下自我满足，应同自身周围的实践环境进行物质、能量和信息的交换，并依靠这种交换保证自身由不稳定向相对稳定过渡。这种开放性不仅要求高校学生具有高度责任感，而且要求高校学生必须具备敏锐地接收、分析、处理和运用外界事物信息的能力，从而使自己在实践中不断得到发展和提高。

第二，实践主体应不断进行自身角色的调适。高校学生的实践角色与其社会期望角色之间总有一定的差距。高校学生在实践过程中就能够认识到这种差距并调整自己的学习和实践，从而使自己的角色得以实现，使自己大学阶段在社会实践中的社会化任务得以完成。

第三，实践主体应促成自身个性的形成。个性化是社会化的一个高层次组成部分，社会化中如果没有个性化的存在，就会变成统一化和模式化，就只能造就墨守成规的“书斋先生”，就会使人失去创造性和开拓性，以及改造社会的动力。因此，在社会实践中应勇于思考、敢于发现、认真锻炼，促进自身个性的形成。

2. 社会实践制度规范化

社会实践制度规范化的目的是使社会实践活动做到有章可循、有据可依，保证社会实践活动持续有效地开展。它的标志是具有权威、系统全面、切实可行并具有自我发展机制的实践制度体系的建立。

（1）社会实践制度的规范化是社会实践活动发展的必然趋势。人的思想认识不能代替规章制度，没有完善的、系统的规章制度，不重视实践制度的规范化，只凭各级实践组织者的临时决策组织实践活动，那么决策正确则可促进实践成果的取得，决策失误就会阻碍实践的深入。因此，要保证社会实践的持续稳定发展，必须改变人治局面，完善社会实践制度。当前加强社会实践制度的规范化工作，不仅非常迫切，而且非常必要。首先，加强社会实践制度的规范化工作，有利于利用全社会的力量来关心、组织高校学生社会实践活动，形成强大的合力。其次，加强社会实践制度的规范化工作，有利于实践组织的科学化。由于现实的社会实践基础已经存在，所以加强社会实践制度的规范化工作已成为可能。当前，各级党政群团组织、各个高校已经开始了社会实践工作，不少企业也为实践活动的开展提供了资金、基地和其他便利，且近年来已经制定了一些关于社会实践活动的规章制度，这些有利因素为加强社会实践制度的规范化奠定了较为坚实的基础。

（2）社会实践制度的规范化要求各级社会实践组织者必须制定出正确的社会实践制度。社会实践制度的规范化，绝不是各种社会实践制度的单独罗列，也不是各种社会实践制度的简单相加，而是要在各级社会实践组织者协同的基础上建立科学的社会实践制度体系。在制定社会实践制度体系时，不仅要求各级社会实践组织者正确地制定制度，还要求制定的各种社会实践制度相互衔接，对于衔接不紧密的地方，应及时加以调整。其主要内容体现在以下四个方面。

第一，党和政府对社会实践制度的正确制定。在社会实践制度的制定方面，党和政府必须起到宏观调控作用。首先着眼于建立统一机构，实行统一规划，统一决策，统一目标，统一评价，促成社会实践活动的统一性、系统性、整体性、持续性，充分发挥社会各界的力量，保证社会实践向着正确的方向发展。其次，党和政府作为社会实践活动核心的组织者，要协调各个部门之间的关系，激发各个部门的责任感和积极性。

第二，高校对社会实践制度的正确制定。在高校，大部分社会实践活动是由思想政治工作部门（如学生处、团委、学生会）来组织实施的。由于学校、社会的各种因素的影响，社会实践活动主要利用假期进行，由于缺乏制度和支援保障，严重制约了高校学生社会实践活动的深化。要改变这种状况，就必须加强高校学生社会实践中的制度化建设。首先，高校应将社会实践活动纳入学校教育、管理工作的体系中去，由相关职能部门组织、落实；其次，应将学生社会实践活动的表现以及成绩作为全面考核高校学生素质的重要内容；最后，要建立相应的制度，提高教师组织、参与社会实践活动的积极性。

第三，社会团体和企事业单位对社会实践制度的正确制定。在众多支持社会实践活动的社会团体（如工会、共青团、青联、学联）中，共青团起着主导作用。在制定社会实践制度的过程中，团组织要通过量的指标确立各级团组织的组织社会实践任务，并通过岗位职责的定期考核和将考核结果作为团的工作评价内容，来激发各级团组织和团干部组织社会实践活动的责任感和积极性。各企事业单位和农村基层组织，是高校学生校外社会实践的主要基地承担者。因此，在制定社会实践制度时，首先，要注意高校学生的生活问题，如吃饭、住宿、医疗的安排；其次，要注意安排好学生的临时实践指导人或联系人，为高校学生熟悉实践环境、完成实践任务创造条件；最后，要用客观的标准对学生参加社会实践的表现作出科学的评价，以备高校了解学生的社会实践效果。

第四，各级社会实践组织者对社会实践制度的共同协调。大学生社会实践活动作为系统工程，要求各级社会实践组织者制定的社会实践制度必须协调一致，对于不能衔接的地方，应予以调整。各级社会实践组织者必须认真学习实践组织核心内容（党和政府所制定的实践制度），在了解统一规划、统一决策、统一目标的基础上，制定自己的社会实践制度，同时加强各方的沟通和联系。

（3）社会实践制度规范化的标志是社会实践制度体系的建立。在各级社会实践组织者对社会实践制度正确制定和共同协调的基础上，社会实践制度必然逐渐趋于规范化，而社会实践制度达到规范化的标志，是具有权威、系统全面、切实可行并具有自我发展机制的社会实践制度体系的确立。如果能够建立起具有这样特征的社会实践制度体系，就标志着社会实践制度已达到了规范化的程度。

3. 社会实践组织科学化

作为系统工程的高校学生社会实践活动，要想获得最理想的效果，不仅取决于社会实践活动的社会化程度和社会实践制度的规范化程度，还取决于社会实践组织过程中的科学化程度。高校学生社会实践活动作为高等教育的重要组成部分，社会将会对它提出越来越高的要求。而社会实践组织的科学化正是要通过不断地研究社会实践的基本规律，并严格遵循规律来组织社会实践活动以动态地满足社会的要求。因此，社会实践组织的科学化就成为社会实践活动发展的必然趋势，它将贯穿社会实践活动的全过程。

（1）社会实践活动目标设定和方案优选的科学化，即社会实践活动的设计过程的科学化，它将确立的是整个社会实践活动的蓝图和指南，因而也是整个社会实践系统工程释放最大量、最优化工程的基础环节。要使社会实践目标设定和方案优选科学化，就必须做到以下两点。

其一，社会实践目标设定基本科学。所谓社会实践目标设定基本科学，应包括三个方面的内容。第一，要求社会实践目标具有切实性，即社会实践目标的设定绝不是组织者一时冲动的结果，而是在对社会、学校、个人三方面要求深入调查的基础上做出的，通过努力才可以达到。第二，要求社会实践目标具有层次性。这个目标包括两个层次：一是总体目标，即培养社会主义事业的接班人；二是具体目标，它既是总体目标的具体化，又是总体目标的分解，规定具体社会实践活动所要完成的任务。第三，要求社会实践目标具有发展性。由于教育活动周期较长的特有规律，社会实践目标的设定不仅要以现实为基础，还要以未来对人才需求的趋向为依据。

其二，社会实践方案优选基本科学。社会实践方案优选的好坏，不仅关系着社会实践活动目标能否完成，而且决定着整个社会实践活动能否成功。一般来说，在选择社会实践方案时要遵循以下三个原则：首先，需要遵循方案设计的广泛性原则，即要从多方面、多角度设定方案；其次，需要遵循方案选择的民主性原则，即优选方案时应征求社会实践组织者和参加者的意见；最后，需要遵循方案确定的最优化原则，即优选方案必须考虑到活动时期社会的需求、参与实践者的客观条件与主观性限制等。

（2）社会实践方案实施的科学化。社会实践方案实施的科学化就是要尽量减少方案实施的阻力，以更好地完成已设定的社会实践目标。因此，要求社会实践组织者在实践活动本体运行前，必须注重社会实践客观条件的准备和社会实践主体的调适，如资金能否到位、社会实践基础的准备情况、社会实践指导教师的确定等；在社会实践活动本体运行中，必须注意对反馈信息的收集、整理、分析，并在此基础上对社会实践方案、社会实践活动本体、社会实践活动主体进行调控。

（3）社会实践成果总结的科学化。要达到社会实践培养社会化高校学生的目的，就必须认真做好总结、消化、吸收工作，从而进一步深化社会实践的成果。具体实施步骤如下。

第一，加强社会实践活动各环节、各方面的考核。其主要内容体现在以下三个方面：一要考核高校学生在社会实践中的表现，包括参加社会实践活动的时间长短、态度好坏、所在单位的评价；二要考核高校学生在实践中的收获，着重看学生认识国情、了解社会、认识自己的思想觉悟的提高，以及他们的知识、智力、技能的提高；三要考核调查报告、心得体会的写作质量。同时，上级组织者还要考核下级组织者各方面的组织情况。

第二，扩大成果，将单个的社会实践成果转化为高校学生共同的精神财富。其操作方法如下：举办社会实践心得交流会，让学生谈体会，交流实践感受；举办社会实践成果展览，让更多人受到启迪教育；举办跨校成果评比交流，让社会实践成果在不同高校间流通。

第三，升华思想，把感性认识上升到理性认识。其操作方法如下：重点抓高校学生对坚持中国特色社会主义道路、树立为人民服务的人生观、走与工农相结合道路的重要性的认识，以及他们对艰苦奋斗重要性、改革开放重要性、解放思想重要性的认识。

第四，在社会实践中体会和总结组织理论，并运用理论进一步指导社会实践。各级社会实践组织者可通过社会实践组织理论的研讨、交流，进一步深化社会实践管理经验，使社会实践在广度、高度、深度上进一步发展，更好地为培养社会化高校学生服务。

（三）社会实践化的实施

1.社会实践活动的形式

（1）参观型社会实践活动。这种社会实践活动通常是组织学生到名胜古迹、工厂参观考察、座谈了解，虽然对学生能起到一定的教育作用，但这种方式与旅游参观有些类似，除了增进学生之间的友谊，加深学生对祖国大好河山的了解以外，能真正达到教育目的的可能较小。于是，学校就把这种社会实践活动作为对优秀学生或学生干部的奖励，组织少量学生参加，虽然花费较多，但取得的效益却不多。

（2）活动型社会实践活动。这种社会实践活动以文化、科技、卫生三下乡为主，通常做法是学校与某地联合，在该地以学校为主组织几台文艺演出，动员群众前来观看，或组织大型的科技咨询、文化宣传、医疗服务活动。这种社会实践活动场面宏大，气氛热烈，影响也较大，但投入多，组织困难，参与的学生也不是很多。目前，这种社会实践活动已成为学生社会实践活动的主要形式，但还需要改进。

（3）生产型社会实践活动。这种社会实践活动的主要参与对象是高年级学生、研究生、博士生，他们进入生产活动的某一环节，成为生产者中的一员。一方面，既利用自己已有的知识促进生产的发展；另一方面，又在实践中学到了书本上没有的知识，相得益彰。虽然这种社会实践活动花费不多，但效果实在，达到了帮忙不添乱的目的，有较强的生命力。

（4）课题型社会实践活动。这种社会实践活动由学校教师牵头，各相关年级学生参加，组成课题小组，通过广泛、深入的调查、宣传活动，对课题进行攻关。在这种社会实践活动中，学生参加的积极性比较高，而且能得到一定的社会资金支持，从而容易长期开展下去。

（5）挂职型社会实践活动。这种社会实践活动主要是以组织的形式到机关、社区、乡村担任各种职务的助理，做一些社会工作。虽然这种社会实践活动受到机关、社区、乡村的欢迎，但目前参加的人数较少。

（6）学生自发型社会实践活动。学生在假期通过社会招聘、上门自荐等形式，参加到各种社会生产活动中去。除体验社会生活的酸甜苦辣，还能利用自己所长，在为社会服务的同时，取得一定的报酬，补贴学习或生活所需。这种社会实践活动参加的学生人数较多，但学校支出不是很大，在日常生活中可以提倡这种实践活动。

（7）互动型社会实践活动。这类实践活动的参与者既有高校学生，又有城乡基层的市民、农民。在活动中，他们互为参照对象，通过相互学习、相互帮助，不仅双方共同获得进步，而且促进了社会主义物质文明、精神文明、政治文明建设。

2.社会实践活动的内容

（1）社会调查活动。社会调查活动深入城乡各地、部队、科研院所、企事业单位开展社会考察和社会调查活动，引导学生了解社会、了解国情，同时对社会和企业的发展献计献策。社会调查和考察的直接目的是了解社会的实际情况，认识社会现象的本质及其发展的客观规律，是一种搜集和处理社会信息的方法，在现代社会具有越来越重要的作用。当前，高校学生社会调查逐渐向专题化、重效益、重应用的方向转化。

（2）科技服务活动。科技服务活动面向经济建设主战场，面向城镇社区、县乡的中小型企业、乡镇企业，学生结合所学专业，发挥技术特长，在教师的指导下开展科技攻关、工程设计、科技成果推广、科技咨询和技术服务等活动，使科学技术为现实生产服务。

（3）文化服务活动。文化服务活动深入城镇社区和贫困乡村，开展文化培训、科普讲座、法律宣传和咨询活动，服务社区和乡村的两个文明建设。

（4）公益劳动和文明共建活动。公益劳动和文明共建活动主要包括校内公益劳动，校外社区服务活动，与企事业单位、部队、科研院所、乡村、居民委员会等单位开展其他形式的文明共建活动。

（5）互动活动。互动活动是指高校学生党员与城市社区党员、农村基层党员、企事业单位党员在建立党的先进性教育长效机制中的互动活动。

（6）信息服务活动。信息服务活动是指通过一定的途径把人才、工农业、科学技术及社会生活等方面的信息资源的开发利用情况提供给被服务单位，并把被服务单位的信息传递出去，以期取得一定的人才效益、社会效益和经济效益。高校学生可以通过在校学习、掌握的专业知识开展信息服务，把信息资源的开发过程及成果传播到各个领域，进一步加以利用。

（7）勤工助学活动。勤工助学活动对学生个人和国家来说都有重要的意义。就个人而言，它有助于学生个人的成长和成才；就国家而言，它有助于国家高科技人才的培养，有助于国家教育制度的改革和教育事业的不断发展。例如，在假期，通过做兼职教师、推销员、打字员、秘书、酒店服务员等，不仅可以解决贫困生的经济问题，还可以培养学生自强自立的精神。

（8）教学实习活动。教学实习活动是在教学计划规定的时间内进行的社会实践活动，要求每个学生必须参加并取得学分，是实现专业培养目标、保证人才培养质量的必修课。教学实习包括认识实习、生产实习、毕业实习等，是理、工、农、医等专业高校学生社会实践的主要形式，是把生产劳动引入教学，对高校学生进行思想政治教育、职业道德教育、专业教学和职业训练的基本环节。

二、高校学生社会实践的创新

（一）将高校学生社会实践与建设社会主义新农村的需要结合起来

社会主义新农村建设包括新农村的经济、政治、文化等诸多方面的内容。要想建设社会主义新农村，仅靠国家投入资金是不够的，还必须投入更多的智力资源、文化资源。高校学生是掌握一定基础知识和专业知识的青年知识分子，他们的参与无疑会有效地促进社会主义新农村建设，同时使他们的实际能力得到提高。将高校学生社会实践与建设社会主义新农村的需要结合起来，意味着对高校学生社会实践的观念要有一个更新或变革，要从过去单方面地将高校学生作为社会实践的受动者，通过社会实践提高工作能力、培养良好的思想品德，转变为高校学生既是社会实践的受动者，又是社会实践的能动者，即高校学生作为科技知识和精神文明的载体在实践中去建设社会主义新农村。

（二）将高校学生社会实践与建设城市社区精神文明与政治文明的需要结合起来

当把高校学生既看作社会实践的受动者又看作社会实践的能动者时，就应充分利用高校学生这一科技知识和精神文明的载体，将其运用到变革社会的活动中去，将高校学生社会实践与建设城市社区的精神文明和政治文明的需要结合起来，持久、稳定而有效地开展社会实践教育活动，使高校学生在促进建设城市社区精神文明与政治文明的社会实践中，自身也能得到提高和锻炼。在这类社会实践活动中，高校学生可以将高校思想政治理论课中所学习到的内容应用于实践活动中，既能将知识活用，又能深化理论认识，还可以通过自身努力，促使社会变革，成为推动社会文明进步的重要力量。

第四章　高校教育管理信息化

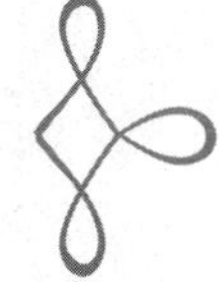

第一节　高校大数据教育管理现状

一、我国高校大数据教育管理发展取得的主要成绩

随着大数据、云计算、物联网、智能终端等技术的发展，高校教育管理目前正向智慧化、生态化演进。在高校教育管理智慧化浪潮中，北京、上海、深圳、杭州、无锡五个城市先试先行，重庆、兰州、贵州、武汉、天津、南宁、哈尔滨等多个省市紧随其后。由此可见，地域之分非常明显，不符合全国高等教育均衡发展的要求。基于大数据、云计算等技术的教育管理改革，可以让西部地区，如新疆、内蒙古等不再因为地理位置偏僻而影响智慧教育的推进。当前，我国高校大数据教育管理发展取得了一定的成绩，主要表现在以下几个方面。

（一）高校 CIO 制度初步建立

在“互联网 +”时代，网络与高校教育管理的结合就是使用互联网来促进教学、科研、管理和服务的升级。设立首席信息官（CIO）在高校大数据教育管理变革中是必要的，是保证从上而下推进教育变革的前提。教育部科技发展中心 2015 年发布的调查结果显示，CIO 制度初见端倪，越来越多的高校将信息化规划单独成文，其中 60% 的“211”高校、60.8% 的普通高校及 50% 的高职高专学校有单列的信息化发展规划，83% 的院校建立了信息化领导小组。清华大学、北京大学、中国传媒大学、浙江大学、上海交通大学、武汉大学、上海财经大学、天津大学、华中师范大学、兰州大学、西南财经大学、常熟理工学院、浙江传媒学院、东南大学、复旦大学、西安交通大学、电子科技大学等都设有专门的信息化领导小组，小组负责领导、组织、协调和决策校园信息化建

设等重大问题。大部分“211”“985”高校都设有独立的校园卡中心和网络中心，一般本科院校中有55%设立独立建制的管理机构。信息化办公室作为新的信息化部门，有30%的“211”高校和一般院校设立了此机构。超过80%的高校都指派了一名副校长来具体负责本校教育信息化发展规划的制定。“211”院校由副校长负责的比例超过了80%；一般全日制高校副校长负责规划制定的比例稍低，为79.03%。信息化、数据化日渐得到高校管理者的重视，CIO制度从领导机制层面保障了我国高校大数据教育管理的健康发展。

（二）高校信息基础设施投入不断加大

在数据平台建设方面，将两年投入总和小于200万元的算作“很少”、200万~1000万元的算作“一般”、1000万~3000万元的算作“较高”、大于3000万元的算作“很高”。教育部科技发展中心2015年发布的调查结果显示，对2012—2013年数据平台（信息中心）建设经费投入情况统计，一半以上的高校两年信息化投入都在千万元级，呈现“较高”的特点，信息化投入200万元以下的只有4%。“211”院校的信息化投入更高，60%的院校投入在3000万元以上，呈现“很高”的特点；50%的一般院校两年的信息化投入在1000万~3000万元，呈现“较高”的特点；而大部分高职院校的信息化投入都在200万~1000万元，呈现“一般”的特点。从地区来看，信息化投入从高到低的排序为华北地区、西北地区、华南地区、华东地区、西南地区、东北地区、华中地区。华北地区大约45%的高校信息化投入在3000万元以上，而华中地区不到10%的高校信息化投入在3000万元以上。高校数据中心（信息中心）建设资金来源主要靠学校下拨的专项建设经费和常规经费，而高职高专院校的经费主要来源于信息化部门计划外的经费，如国家或地方职业院校教学改革建设经费。从地区来看，华南、华北地区的经费主要以学校划拨和常规运行为主。2012—2013年，各类信息化经费有升、有降，高职类院校信息化经费及常规运作经费都呈下降趋势，这与其多方筹资有关；而一般高校和“211”高校信息化部门计划经费有所增加，增幅不大，这与其将经费投向大数据人才和信息技术人才培养上有关。华中地区因经费投入前期排位靠后，最近几年呈“后来居上”的趋势。

（三）高校信息化建设稳步推进

现阶段，大部分院校均已开始进行信息系统的建设。其中48%的院校完成了信息系统建立开发工作，38% 的院校正在建立，14% 的院校已处在起步阶段。90% 的高校已建立校园一卡通系统，74% 的高校建立了统一的身份认证系统，63% 的高校建立了统一的公共数据交换系统，65% 的高校建立了校园信息门户，58% 的高校在社会化网络上开通官方账号。其中，身份管理与认证系统基本已经普及整个校园，75% 的高校身份认证系统支持跨校区访问，25% 的高校身份认证系统支持跨学校访问（跨区域的认证），65% 的高校身份认证系统支持移动信息平台，68% 的高校提供一个账号支持两个或多个设备上网。所有参与调查的学校都表示已经通了网络，85% 的高校提供无线网络服务，55% 的高校提供无线上网服务且不另外收费，将近 80% 的高校都表示在未来两年内需要升级带宽。在 IPv4 地址资源竭尽的情况下，47% 的校园网出口使用私有 IPv4 地址，IPv6 的部署情况只有四成，还需要发展。在数据中心安全技术策略上，“211”学校明显强于其他高校。另外，国内高校网络安全防范的做法比较雷同且传统，这方面还有一定的发展空间。教学信息化是管理信息化之后各高校优先发展的业务，各高校多媒体教室已成为标配，近 80% 的高校采购了全校性网络教学平台，探索信息技术与教学的深度融合。

从调查情况来看，网络教学平台产品被替换的比例很高，不少高校表示已经更换或正打算更换网络教学平台。各高校优质教学资源建设受国家项目的影响较大，如精品资源共享课、视频公开课、大规模开放在线课程等，课堂实录也主要是为精品课程建设项目服务的，优质教学资源建设尚未进入常态化。最近两年，微课比赛较多，但还没有普遍应用于教学，慕课（Massive Open Online Course，MOOC）的影响也不够大。1/3 的高校开始试水移动信息发布 App，如教学资源发送、通知发送等。不少重点高校更加注重服务的专业化和精细化，让服务更加高效和人性化，一些知名高校视野更大，正在思考如何让信息技术与学校特色相结合，希望在大数据研究、IPv6 研究及 MOOCS 等方面有所建树。①

教育部科技发展中心的调查结果显示，我国有 12% 的高校已使用云平台；有 3% 的高校未购买平台产品，以年服务费方式租用平台。高校数据中心或信息中心的发展有以下两个特点。一是都很重视信息安全，加强数据安全制度的制定和执行，有近 80% 的高校已制定并实行或逐步实行安全制度；二是应用系统融合发展趋势明朗，有 1/3 的高校正在制定跨应用系统的共享方案，减少信

① 周末，刘丙利 . 高校大数据平台的设计及应用研究 [J]. 数字技术与应用，2021，39（02）：127–129.

息“孤岛”。高校一卡通全面普及，教学信息化也走向成熟。有1/5的高校信息化建设已经进入成熟发展期，在卡务服务、信息服务平台、数字化校园、移动信息服务、教师团队与管理建设、邮箱服务及举办赛事活动与信息化讲座方面都有自己的服务管理特色。

（四）高校教育管理效能不断提升

大数据在促进我国高校教学资源共享、教学方式改革，支持科学研究和教育管理等方面取得了一定的成效。

1. 大数据促进教学资源共享

2013年是中国教育管理大数据元年，也是中国慕课元年。高校教育资源分布不均、建设经费紧张，在这种情况下，基于云计算技术的大数据MOOC平台应运而生。MOOC就是基于开放教育和共享理念，旨在提高教学质量和资源使用效益的产物。我国MOOC组织模式主要有三种。一是加入国外MOOC平台，如国外Courser、edX等优秀平台及MIT等知名大学的MOOC平台。二是建设本土MOOC平台，如清华大学的“学堂在线”、北京大学与阿里合作的“华文慕课”、上海交通大学的“南洋学堂”、“人卫慕课”、“中国大学MOOC”、中文泛IT的“开课吧”，以及首个正式商业运营的“顶你学堂”MOOC平台。三是引进国外优秀的MOOCs资源。“MOOC中国”目前已有121所高校加入，理事单位40家，会员单位80家，已有9911门课程，用户将近600万人，其中参加IT培训的有500多万人，学历教育在读学生50多万人。已有的MOOCs课程覆盖了全部一级学科，有些平台推出的微专业课程则以专业或职业为单位。例如，互联网工商管理微专业是由学堂在线与清华大学经济管理学院联合推出的。中国MOOCs的课程涵盖了从高中到博士生学段，包括通识课程和专业课程两大类，同时也有专为在职人员提供的课程。

虽然商业化的公司也投入在线教育，但是商业公司的目的在于营利，所面对的消费者也是职业教育需求迫切的学习者。以中国大学MOOC为例。2014年5月，中国大学MOOC上线，它由爱课程网和网易公司联合建设，有免费和收费两种学习方式，收费学习可获得电子和纸质证书。2015年5月，中国大学MOOC启用移动客户端，并且率先在国内推出在线测试、作业功能，“中国大学MOOC”App荣列苹果公司Appstore“2015年度精选名单”，是2015年度唯一入选该名单的教育类App。中国大学MOOC的课程包括普通大学课程、职业教育课程和大学选修课程三类，课程内容主要是通识课程和基础课程。

高校课程共享联盟有力地促进了优质教育教学资源的共享。东西部高校课程共享联盟成员已增加到 122 所，包括北京大学、华东理工大学、喀什大学、西安交通大学、云南师范大学、海南热带海洋学院、东北林业大学等高校，全国受益学校 2000 所以上，覆盖大学生 1000 万人以上，400 多万名大学生通过联盟的共享课程获得学分。上海高校课程中心的课程全部免费使用，部分联盟成员还实现了学分互认，拓展了服务包含的内容，增强了联盟的吸引力。混合模式、翻转课堂是上海高校课程中心的优势。这些高校联盟成员相对于商业公司的在线教育来说，在认证方面具有无法比拟的先天优势。

2. 大数据促进教学方式改革

大数据时代，“互联网 +”教育已深入人心，采取哪种策略融合，是对教育者创新和智慧的大挑战。美国 EDUCAUSE 分析中心发布的报告显示，大部分学生表示，在包含在线和面对面的混合环境中学习得最好。移动学习、泛在学习是未来教育的趋势，具有即时性、参与性、情境性、社会性、泛在性、愉悦性等优势，将发挥碎片式学习的优势。

我国诸多高校运用大数据技术进行教学方式改革的探索，取得了初步成效。例如，华中师范大学利用大数据推进教学改革，在顶层设计、规章制度、教学环境、教学设施、教学资源、教学方法等方面取得了初步成效。基于大数据的高校教学方式将发生变革。目前，MOOC 已被广大高校接受，成为翻转课堂和混合式教学的重要支撑。比如，上海易班可以说是运用大数据改革教学方式的典型，60 多所高校参与，人数达 161 万人，2016 年建成一个包含 500 门专业课程、5000 门兴趣课程的资源库。东华大学是利用大数据推进“泛在学习”的代表，于 2015 年设立了在线“学习超市”，即“易课堂”，共开设了 179 门课程，全校师生共建共享课程，从而使 30% 的学生学习成绩得到提高，学生不及格率显著下降。当然，MOOC 也存在制作成本高、更新快、不方便、彩排后录制非原生态课堂等缺点。2014 年，东华大学推出秋波智慧教室平台，提供了一套完整的解决方案，实现课前、课上和课后各个教学环节全覆盖，完善学生自动签到、课堂互动、实时在线课堂、课下资料共享与交流等智能教学功能。同时，平台还提供了导航、社交、电子商务等智慧校园服务入口，服务教学和生活，服务创新和创业。“秋波”课堂不仅可以实现校内学习与远程学习，而且可以还原真实课堂“原生态”，成为东华大学本科教育的重要改革举措，2015 年全校 80% 的主要课程实现此功能，并且在上海其他高校推广。2014 年秋季学期，北京大学信息科学技术学院在“数据结构与算法”课程中推行“MOOC+ 翻转课堂”混合式教学，混合教学实验班分三种类型，分别是普通班、竞赛实验班和翻转班，普通班教授没有课程基础的学生，竞赛实验班教授具有较深知识储备的学生（各省市奥数获奖者），翻转课堂教授的是对课程有兴趣、想要继续拓展的学生。翻转课堂强调预习、自主学习和探究学习，强调课堂讨论的节奏控制与重点把握。期末考核显示，在这三类班级中，翻转班成绩超过普通班 10 多分，与竞赛班相当。“中国大学 MOOC”推出一大批以文化素质教育课、公共课和专业核心课为主的 MOOCs，采用 MOOC+SPOC 的方式，促进大规模学习互动与校内专属或小班教学相结合，推动高校教学方式方法改革，持续提高教学质量。我国高校建设的在线课程总数已超过 1400 门，课程平台为高校定制课程（SPOC）超过 5600 门次，累计 1700 多所学校在平台上选用或定制课程，高校和社会学习者选课人次超过 3000 万人。

为深入推进高校开展进行教育教学改革创新，不断加强学校一流课程建设工作，引导教师进行课程创新，建设高质量在线课程资源，提升教师在线教学能力，从而推动课堂革命和学习革命，MOOC 发展大会于 2021 年 6 月在北京召开。[①] 在我国高等教育教学的创新实践中，慕课成为深化教学改革、提高教学质量的重要引擎。在 2020 年新冠肺炎疫情防控期间，我国高校开展全球范围内首次超大规模集中在线教学，稳定了高校教学秩序，基本实现了在线教学与课堂教学的实质等效，将中国慕课的发展推向新高潮。中国慕课数量和应用规模都已位居世界第一。课堂学习和在线教学深度融合，形成了线上线下混合式教学等新的教育形态和新的人才培养方式。慕课正在引领一场推动高等教育教学改革的学习革命，“互联网 +”“智能 +”技术支撑的在线教学已成为中国高等教育的重要发展方向，促进中国高等教育质量的变革。

3. 大数据支持科学研究

首先，科研大数据的共享是高校进行科学研究、实现科研突破的基础，高校科研工作也需要开放的大数据支持。科学研究规模不断扩大，复杂性也不断增大，高校作为科研的重要阵地，科研人员需要采集海量数据，这对传统计算技术提出了挑战。以云计算为基础的高校大数据平台，为科研资源的共享、提高资源利用率及按照科研需求定制服务模式等方面提供了广泛兼容的科研环境。

其次，科研大数据驱动社会科学更“科学”。社会科学研究在大数据背景

① 符玉霜 . 国内外数据可视化 MOOC 调查与分析 [J]. 图书馆学研究，2021(09)：20–27.

下可以将原子论和整体论融合、统一，形成“从定性到定量，从简单分析到复杂处理，从属性数据到关系数据”的新研究范式，将脱下“准科学”的外衣，全面迈入科学殿堂。美国哥伦比亚大学社会学家艾伦巴顿认为，在过去 30 年，经验性的社会研究被抽样调查主导，这种随机性使社会科学备受逻辑性、科学性不足的诟病。自然科学和社会科学是人类知识的两种类型，自然科学研究的对象是物理世界，讲的是“精确”，也能通过各种努力达到“精确”。但是社会科学因其研究对象是人，其规律是随机的，讲求概率，导致“测不准”，因此社会科学又被称为“准科学”。如今，大数据能够成为我们观测自身的“显微镜”，使越来越多的社会科学由定性研究向定量研究转变，教育也将变成一门实实在在的实证科学。例如，华中师范大学中国农村研究院针对中国农村村庄信息统计无法到村的问题，借助互联网地理信息技术，实现了对全国 60 万个村庄的数字化管理，建设了“中国农村数据库”，实施“百村十年观察计划”，充分利用大数据，实时采集数据，进行社会问题的科学研究。

最后，大数据科研管理平台为高校科研管理者提供智慧化管理手段。我国高校有近 3000 所，其中“985”“211”高校百余所，每个高校有教师数千人，不同学科申请不同的课题，而课题项目重复率较高，不同学科间缺少交流，甚至有的科研工作人员换个相近的题目，内容不变，重复申报拿资助。这些问题在大数据统一共享平台建立下便无处遁形。2012 年，中国科学院借助大数据技术，优化科研资源供应链，促进科研经费科学使用，为用户提供更加专业、更具个性的服务，不仅解决了科研腐败的问题，还成功解决了“采购难、核算难、监管难”等科研耗材管理工作中的难题。2018 年，中国科学院在北京正式发布了 A 类战略性先导科技专项“地球大数据科学工程”2018 年度成果——地球大数据共享服务平台，向全球公开了平台的两大核心系统——数据共享服务系统和 CASEarth“数据银行”系统，以及一个区域系统——数字丝路地球大数据系统。中国科学院表示，科学数据的积累、开放、共享，已经成为世界科技发展的重要资源和推动力，中国科学院作为国家战略科技力量，高度重视科学数据共享在科研和信息化建设中的创新与应用。中国科学院设立“地球大数据科学工程”先导专项，将力求突破超大规模跨学科、跨领域、分布式资源技术的“瓶颈”问题，建立科学数据共享及其机制体制建设与实施的新模式，只要有终端和互联网，任何人在任何地点都可以享受到地球大数据提供的多样化便捷服务。①

4. 大数据支持教育管理

高校要做到对师生统一、明晰化管理，基本要求是对全校数据一览无余。近几年，许多高校都进行了相关的尝试，成效初显。

（1）复旦大学数据中心建设。复旦大学的数据中心建设已走在我国高校前列，取得了一定的成效。在信息化建设初期，复旦大学就着手建设智能微型数据中心校园数据中心。目前，复旦大学数据中心拥有 400 多个虚拟运行环境，建立了统一数据库，实现了数据的共享，并且建立了一套包括采集、存储、分析、计算、展现的完整数据建构。建立了包含面向师生的 6 个大类、17 个小类的主题数据展示系统，主要包括教职工信息统计、学生信息统计等人员信息类，文科科研数据分析、教师学术表现等科研类，研究生成绩分析、本科生生命周期数据分析等教学类，一卡通分析、图书馆客流分析等综合服务类，宿舍使用情况统计等学生工作类，教育部高基报表等报表类。复旦大学还建设了个人数据中心，为师生提供不同于管理的服务，如集中数据展示、数据填报、数据下载等。同时也简化以“人”为对象的数据化过程。在个人数据中心基础之上，建立校级的统一填报中心，师生可以看见所有基础数据，减少重复填报，能高效利用数据。复旦大学曾对来自不同地区的学生进行数据分析、研究认为，学生成绩受不同地区基础教育发展状况的影响较大。复旦大学依托数据中心，通过“集数”“读数”“识数”，转向最终价值追求——“用数”，从而使教育管理决策更加智慧化、个性化和人性化。

（2）电子科技大学“学生画像”系统。利用大数据促进个性化管理和科学决策是我国高校未来工作的重点，在这方面电子科技大学已进行尝试并取得了较好的效果。2015 年，电子科技大学研发出一套“学生画像”大数据系统，通过一卡通追踪学生的行为轨迹，可以“算”出所有学生的学习、生活，甚至情感状况。电子科技大学这套大数据系统已覆盖 2 万多名本科生。研究表明，学生生活积极行为与学习效果密切正相关，就业能力与学习、生活质量密切正相关。利用这种大数据分析系统，理论上可以寻找“最孤独的人”“最奢侈的人”“最节俭的人”“最牛学霸”“最有效的求职者”等，高校学生教育管理可以提高工作成效，体现人文关怀。这些优秀的智慧教育管理方案对其他高校有启发意义，并且得到了推广应用。

① 刘志远 .“地球大数据科学工程”这 2 年：读懂地球，在路上——专访“地球大数据科学工程”专项负责人郭华东院士 [J]. 科技导报，2020，38(03)：132-134.

二、大数据技术应用于高校教育管理的具体情况

高校的主要任务是培养更多适应社会发展的人才，所以学校的教育、教学、科研和管理都要紧紧围绕人才培养来进行。然而，传统的教育模式主要基于先验教育，不注重学生个性的培养。在大数据时代，大数据技术在高等教育管理中的应用可以大大提高高等教育质量。美国教育部采取教育数据挖掘的方法对大数据技术进行分析研究发现，教师通过大数据技术可以更好、更全面地了解学生的学习过程，然后总结出最佳的教学方法，及时发现问题，并且采取有效的干预措施，及时为学生提供个性化的学习服务，学校管理决策也可以利用大数据技术。

第一，服务对象。学校可以建立广泛的师生服务体系，并且应尽量消除信息孤岛效应。建立系统的数据分析中心和统一的数据中心，发展信息共享机制是推动大数据发展的重要基础。学校要时刻关注师生日常学习、内部生活和学校各部门的管理，明确数据趋势，为制定管理决策提供科学可靠的数据。

第二，校园环境。目前，高校已经开始开展校园信息化建设，可以在校园内建立感知终端，实现物联网的应用。比如，图书馆借阅系统、校园门禁系统和校园一卡通终端数据可以为学校开展各项活动提供重要依据。此外，我们可以观察和分析数据的变化趋势，掌握整体的发展规律。

第三，数据仓库。数据仓库能够更好地处理和分析数据，以适应时代的需要。

第四，云计算。云计算结合了负载均衡、虚拟化、分布式计算、网络存储等技术，能够更好地满足大数据存储和计算的要求，也能更好地保证数据的安全性。

第二节　高校大数据教育管理信息化的背景

我国教育信息化历经了10余年的发展，通过“985工程”“211工程”“西部大学校园网”“校校通”“面向21世纪的教育振兴计划”等一系列重大工程建设，有力推动了高校教育管理信息化进程和创新改革进程。自《国家中长期教育改革和发展规划纲要》发布以来，我国教育信息化建设成效显著，在顶层设计、资金投入、基础设施建设、学科建设及制度建设等方面均取得了一定的成就。我国教育信息化经过了“整合—融合—深度融合”的阶段，目前正迈向“融合创新”的新阶段。

一、教育信息化战略地位得以确立

在我国教育信息化发展历程中，有几个影响较大的事件。2010 年发布《国家中长期教育改革与发展规划纲要》，并指出“信息技术革命对教育发展具有革命性影响，必须予以高度重视”；2012 年出台《教育信息化十年发展规划（2011—2020 年）》，提出“中国数字教育 2020 行动计划”，重点建设优质数字资源共享，衔接各级各类教育管理信息系统与基础数据库，实现系统互联与数据互通，建设纵向贯通、横向关联的教育管理信息化体系；2012 年召开第一次全国教育信息化电视电话会议并发布教育“三通两平台”；2013 年启动教师信息技术应用提升工程；2014 年实施“一师一优课、一课一名师”；2015 年举办国际教育信息化大会并举行全国教育信息化电视电话会第二次会议；一系列规划的制定和实施，显示我国教育信息化战略地位得以确立。2019 年，中共中央、国务院《中国教育现代化 2035》又提出了新要求，全面构成了国家教育信息化战略的特定内涵。系列文件一环扣一环，深刻而翔实地阐明了具有中国特色的教育信息化的历史使命、战略任务及核心价值，内涵极其丰富和宝贵，集中呈现出国家教育信息化战略的精髓，是我国对教育信息化发展规律深刻认识的集中体现，既是发现和评价我国教育信息化成就及洞察其存在问题的一面镜子，又是进一步找准突破口、发力点，规划其高质量发展蓝图的科学指南。

二、学校网络教学环境建设明显改善

一是“教学点数字教育资源全覆盖”项目取得重要进展。我国广大城市和农村地区的 6 万多所教学点的数字资源覆盖率达到 100%，教学点在数字教学设备建设、数字资源传送和利用数字资源教学上取得了一定的突破。二是“宽带网络校校通”快速推进。各级各类学校互联网全覆盖的目标基本实现，安装并使用宽带的教学点占总数的 50% 以上。京、沪、苏、浙等省市已率先完成 100% 互联网接入教学点，这些地区的教学点在多媒体教室配备上也率先实现了全覆盖。三是优质资源匮乏局面明显改善。“优质资源班班通”计划将教育优质资源分享到每一个教学单位的每一个教学班级中，实现教学优质资源共享，也取得了十分显著的成绩。在教育信息化背景下的职业教育体系中，建成了 56 个网络专业教学数字资源中心，开放式大学建立了 3 万多个为继续教育服务的在线资源，课程总量达到 60 多个太字节。四是“网络学习空间人人通”实现新跨越。全国已有超过 30% 的学校开通了网络学习空间，建设了国家开放大学远程开放教育云平台，以开放教育为特色的国家开放大学（The Open University of China）实行远程教育开放式的云端课堂，提供 60 门核心课程和 50 门通识课程，数字教材达到 50 种，并且在网络媒体上进行推广，促进了教育理念变革和模式创新。五是教育云服务体系初步建立，这一云平台将全国 20 多个省级教育优质课平台、企业教育云服务平台等整合起来，形成了学校之间、企业之间、校企之间并联发展的良好态势。

三、国家教育资源云服务体系粗具规模

教育部、财政部和工信部协同建设，“两级建设、五级应用”（教育部、省教育厅两级建设，国家、省、地市、区县和高校五级运用）的信息资源格局业已形成，国家级数据中心基本建成，省级数据中心建设快速推进，建成了支撑学生、教师、学校等核心业务管理的 29 个信息系统及各类基础数据库。基本实现了校、师、生在管理上的“一所学校对应一个编码，一个学生对应一个号码”的信息录入，教育管理信息系统建设与应用体系已经覆盖全国并日臻完善。截至 2015 年 3 月，22 个省份已部分建成省级教育数据中心、3 个省份正式建设实施、4 个省份进行设备招标采购、3 个省份尚未开展建设。教育部《2017 年教育信息化工作要点》中明确指出，国家层面的平台同省、市级平台及企业平台对接，扩大公共服务体系的用户范围，实现全国 200 万个班级共同享受教育优质资源，利用云技术促进我国高校教育管理的转型升级已势在必行。2021 年，教育部网站公布对“关于尽快建立地方多级教育云平台的建议”的答复，教育部将积极推进教育新型基础设施建设，完善国家数字教育资源公共服务体系和国家教育管理公共服务平台，推动各级各类教育平台融合发展，构建互联互通、应用齐备、协同服务的“互联网 + 教育”大平台。①

四、教育信息化投资规模不断扩大

《国家教育事业发展第十二个五年规划》和《教育信息化十年发展规划

① 耿爱华 . 对教育资源平台应用与开发的认识和实践 [J]. 中国现代教育装备，2021(10)：30-32+40.

（2011—2020 年）》的出台，为教育事业的发展确立了明确的建设目标，并且为教育信息化经费投入提供了稳定增长的保障。自 2012 年以来，我国财政性教育经费占国内生产总值的比例持续保持在 4% 以上。2013—2016 年，我国教育行业信息化投资规模、教育行业云计算投资规模均呈直线上升趋势。教育部发布的 2019 年，全国教育经费执行情况统计快报显示，国家财政性教育经费为 40049 亿元，比上年增长 8.25%。2019 年，财政性教育经费占 GDP 比重为 4.04%。CNNIC 的数据显示，截至 2020 年 3 月，我国的互联网普及率达 64.50%，网民规模突破 9 亿人。互联网普及率的提升以及网民规模的扩大，将为教育信息化的发展提供强大的发展动力。[①] 从各地学校对校园网保持高关注度和强采购需求可以看出，在国家政策支持、教育经费投入、网民规模扩大的环境下，教育信息化、智慧校园时代已经来临。

五、大数据研究机构层出不穷

国家及省市纷纷成立大数据联盟、大数据产业联盟、大数据教育联盟、首席数据官联盟、大数据研究院，把大数据元科学及相关科学、人才培养等作为研究对象，使大数据技术更好地促进教育及各产业、行业和社会生活的变革。国家层面的大数据研究机构有中国大数据研究中心（重庆）、中国教育大数据研究院（山东曲阜大学）。一些地方政府、高校和企业也纷纷建立教育大数据研究机构，如 2014 年成立的清华—青岛数据科学研究院，旨在服务国家战略，推动产业发展，培养领军人才，引领一流科研；2015 年成立的北京大数据研究院是国内首个整合了政府、大学和市场三方面资源的大数据研究机构，拟用 5 ～ 10 年的时间，建成国际一流的大数据教育、科研创新和产业化平台；清华大学 2016 年与一拍科技有限公司合作成立了虚拟现实技术实验室，与伟壮控股公司合作成立了大数据云计算研究中心；南京邮电大学 2015 年与盐城城南新区管委会合作，成立了盐城大数据研究院，旨在成为盐城发展大数据产业的智库、政府决策的智囊、大数据人才的培养基地和大数据相关产业的孵化基地。也有企业成立了自己的数据分析研究中心，如腾讯、阿里、百度数据研究等，致力于通过数据分析和研究，提高产品和服务质量。还有专门领域的数据研究院，如工信海威—敬众航旅大数据研究中心等。

2020 年，可持续发展大数据国际研究中心建设有序推进，在各国的共同

① 郑磊，郑逸敏，李虔，孙钰，刘婕，韩丽．新发展阶段的公共财政与教育发展 [J]. 教育经济评论，2021，6(03)：3–23.

努力下，取得重要进展，但也面临重重困难。科技创新是实现可持续发展的重要手段，中国正在实施创新驱动发展战略，联合国提出技术促进机制，两者高度吻合，均是利用科学、技术和创新促进可持续发展。作为科技创新的重要方面，大数据在支撑可持续发展中具有重要作用。可持续发展大数据国际研究中心将通过可持续发展目标监测一系列地球科学卫星和大数据平台建设，为实现可持续发展大数据资源共享和公共数据产品生产服务。同时，通过研发高性能大数据技术支撑系统，开展指标监测与评估体系研究，为联合国、各成员国和中国的科技支撑和决策支持服务。此外，还将开展相关人员的教育和培训活动。

六、学科专业建设规划开始推进

随着互联网及大数据技术的发展，相关学科专业建设显得尤为重要。我国已加大大数据相关专业学科的建设。2015 年，国家成立了网络空间安全一级学科。2016 年年初，国务院学位委员会正式下发《国务院学位委员会关于同意增列网络空间安全一级学科博士学位授权点的通知》，共有 29 所高校获得了网络空间安全一级学科博士学位授权点。我国高校也根据国家法律法规及相关政策，加强了大数据人才培养及相关专业建设。比如，电子科技大学 2015 年 7 月成立网络空间安全学院，2016 年正式招收博士生，包括网络与数据安全、安全通信、电磁空间安全密码理论与应用算法，以及云计算与大数据安全这几个研究方向。学科的建立为资源的汇聚带来正效应，四川大学作为首批国家网络安全人才培养基地，获得网络安全人才培养专项基金，在中央网信办的支持下，启动金额达 1000 万元。另外，大数据科学与技术专业人才的培养也拉开了序幕，教育部 2016 年批准北京大学、对外经济贸易大学、中南大学等成为第一批新增“数据科学与大数据技术”本科新专业的高校。现阶段，数据科学成为专门的学科，被越来越多的人所认知。各大高校将设立专门的数据科学类专业，也会催生一批与之相关的就业岗位。与此同时，基于数据这个基础平台，也将建立跨领域的数据共享平台。之后，数据共享将扩展到企业层面，并且成为未来产业的核心环节。数据科学与大数据技术，简称大数据专业，这几年成为发展最快的专业。大数据专业是一门实践性很强的新兴交叉学科，以大数据分析为核心，以统计学、计算机科学和数学为三大基础支撑性学科，培养面向多层次研究、应用需求的高级人才。

七、教育产品全生态发展局面基本形成

在教育信息化背景下，教育与经济的结合越来越密切，以提供互联网教育服务为经营内容的公司层出不穷，通过互联网接受职业专门教育的群体也不断扩大，以至投资企业将互联网教育市场作为未来投资的重点领域。互联网正提供越来越丰富的教育产品，呈现进入教育教学核心业务并支持创新的态势，基本形成了全生态发展的局面：题库类 + 辅导班 + 教学平台 + 新型教学资源 + 在线课堂 + 混合学习。

教育信息化从“工具时代”进入“智慧时代”，“AI+ 大数据 + 云”的科技力量，正助力探索从教学结果评价到过程测量、多元个性的精准教育。2021 年 4 月 20 日，第二届 MEET 教育科技创新峰会举办。在基础教育专场上，来自教育领域的专家、学者围绕“生态协同，智慧进化”展开热议，对科技助力下基础教育高质量发展新图景展开探讨。腾讯教育展示了其以“AI+ 大数据”为特色，针对基础教育领域的一整套解决方案，发布了与惠普、英特尔、麒麟共同打造的国内首款基于 Linux 系统深度定制的智能教育电脑——惠普—腾讯教育智能本。此外，现场还宣布了“腾讯教育城市合伙人计划”，即向全社会招募基础教育行业合作伙伴，以腾讯教育的产品和方案为基础，以地市为单位，为当地政府、教育厅局、中小学等客户提供服务，计划发展 30 个战略城市、50 个合伙人城市，新建百强校 100 个。

国家教育咨询委员会认为，“十四五”期间，建设高质量的教育体系的重点是，坚定社会主义办学方向，把握重点，形成合力，筑牢教育体系的基础，适应新发展格局，深度参与创新发展，着力补齐短板，创新和规范服务的业态，更要发挥在线教育的优势，完善终身学习体系，建设学习型社会，促进人的全面发展。网络和人工智能的介入，开启了重塑教育和学习业态的新局面。①

① 魏忠 . 信息系统产品化生态的教育思考 [J]. 中国信息技术教育，2021(14)：10.

第三节　高校教育管理信息化的创新与挑战

一、大数据对高校教育管理模式的重要意义

（一）创新高校教育模式

传统的教学是一对多的教学模式，并且要求教学必须在固定教室内进行灌输式授课。固定模式教学使学生和教师的课堂互动少，满足不了学生学习的需求，而大数据时代的教学通过互联网学习平台、网上课堂、移动数据图书馆等进行，不仅满足了学生的需求，而且不再局限于传统教学模式，使学生可以随时在网络上下载书籍和资料，弥补没有教师教学指导的不足。学生单独根据自己的爱好去学习大多是杂乱无章的。因此，高校的教师可以根据知识管理系统分析学生学习的习惯、爱好，提供给学生一个适合他们的教学方法。同时，学生也可以进入本校校内信息系统进行学习，这能够帮助学生提高学习的积极性，养成良好的学习习惯。

（二）提高高校管理水平，推动管理创新

随着大数据时代的到来，高校的各个部门的系统都记录着每个学生学习与生活的信息数据。现在信息化程度越来越高，各类电子设备逐渐深入人们的生活，几乎每个学生都拥有一部智能手机，并且各类软硬件设施产生的数据真实、可靠。应用大数据进行挖掘并整合数据让高校能够更加快速地得到各类信息，然后再与学生教育工作相结合，实现有效的服务与管理，进而促进高校管理的创新。

（三）促进学校之间的信息交流

高校的科学研究数据与成果共享是所有学术科研人员所盼望的事情，但是因为有很多的条件限制，学术数据与成果的共享一直未能实现，这使各个学校

科研人员之间的交流较少，出现重复性研究的情况。大数据技术满足了高校科研探究成果的共享，使各个高校科研人员之间增加交流与信息交换的机会，促进了各个高校的学术交流合作。

（四）创新学生思想政治教育工作模式

在生活中，互联网已经深入每个角落，它成为学生的一种学习生活方式。一方面学生在网上查阅资料、观看视频，产生大量的数据，这些数据真实地反映了学生的思想、情感生活；另一方面，学生的心情受到互联网的影响，高校运用大数据技术，创新学生的思想政治教育工作方法，让学生更易接受思想政治教育，并且可以及时纠正学生不良思想，促进学生的健康成长。

二、大数据时代高校教育管理创新的方向

（一）大数据时代对高校教育模式进行了创新

虽然大多数的大学课程是开放的，允许非专业的学生进行学习，但是教学资源仍然只能集中在本校，无法传播给其他大学。大数据时代，将根本改变这种集中教学模式，教师可以将自己的课程上传到网络。一方面，可以让学生反复聆听加深印象，把握重点；另一方面，网络教学的受众更广泛，其他大学的学生或社会人员都可以听课，教育不再局限在本校内。现在，网络教学的模式已经很普遍了，例如，目前流行的 MOOC 优质教学资源，使得普通大学的学生也可以享受一流大学的教学资源。MOOC 是对我国教学资源不平衡的一个很好的补充，它除了具备其他在线教学的优势，还有自身独特的优势。事实上，网络教学模式在高等教育大数据和管理时代产生的影响是深远的，它不仅要继续发展并应用到传统课堂教育管理模式中，还要把关注点放在网络教学方面，以保证良好的教学效果。

（二）大数据时代对高校教育的评价模式进行了创新

教育评价是高校教育体系建设中的一项重要内容，在优化高校教育管理、提升教育质量等方面发挥着不可替代的作用。为了从根本上优化教育评价模式，有效适应大数据时代的要求，要积极将大数据应用到教育评价模式构建中，借助大数据手段进行教学评价研究，为提升教育综合水平提供根据与支持。大数据时代让传统教育评价发生了彻底的变革，使教育评价不再有过多的

主观色彩及经验之谈，变成了以客观现代科技为支持力量的客观评价模式。这样不仅能够有效获取不同教学平台中的数据信息，获知学生对不同导师课程的点击量，还可以借助活跃度调查的方式完成对教育整体的评价，保证评价活动在客观数据的支持下提升质量。

三、大数据时代下高校教育管理信息化创新思考

（一）积极打造互联共享的网络平台，全面推进教育改革

在大数据时代下，高校教育管理的实施离不开全面系统的网络平台作支撑。科学的网络平台，不仅能够切实提升教育管理的水平，还能够全面覆盖管理过程中的诸多信息内容。一方面，在高校教育管理中，高校应该结合自身的信息管理现状加大技术投入，强化技术变革，积极推动高校信息资源的全面发展。同时，有效提升教育管理者的信息思维方式，引导他们积极转变教育管理模式，充分借助信息技术手段，全面收集和整理教育过程中的信息数据，更好地为高校教育管理服务。另一方面，在大数据时代下，高校教育管理者还应该创新教育方式、优化教育理念、更新教育内容，充分依托分类整合的信息数据来指导实践，保障教育管理决策的科学性。与此同时，依托便捷快速的网络系统，强化教育决策的透明度，引导学生积极地为教育管理献言献策。另外，在教育决策论证阶段，高校也可以通过网络平台来邀请学生加入论证行列，全面实现数据的透明化和参与的民主化。比如，在某一决策论证中，高校可以通过大数据来分析学生群体的真实意见，便于其他学生接纳教育管理决策。因此，在大数据时代下，高校教育管理者应该注重“从学生中来，到学生中去”，综合全面地提升教育管理的整体水平。

（二）高校信息化管理模式的创新发展

在大数据时代，高校教育管理不再是统一、僵化的传统管理方式，而是科学、全面的立体化管理方式。为实现教育管理决策的科学化与透明化，为提升教育管理决策的整体效益，高校应该在教育管理中积极开创全新的教育管理模式，综合提升教育管理的水平。一方面，在大数据时代下，高校教育管理者应该依托快捷共享的网络平台，全面收集与整理师生发展中的各类信息，结合他们的实际需求，为他们匹配更加完善、更加人性化的教育管理服务，实现教育管理的人性化和精细化；另一方面，在高校教育管理中，管理者要积极推动教

育管理的创新，借鉴商业智能技术，有效提升信息处理、利用的效率，针对随时更新的信息数据，及时做出关键性的教育决策，充分保障教育管理决策的科学性。

（三）全面加强校园网络安全建设

在大数据时代，高校教育管理需要充分依托快捷的网络平台。网络平台的开放与共享，一方面给高校教育管理带来了便利，另一方面也增加了高校信息资源利用的风险。因此，在高校教育管理信息化改革进程中，应该全面保障信息安全，积极构建信息网络，综合提升信息管理的质量与水平。首先，高校应该加强网络行为的监测与管理，采用入侵监测系统，及时修复网络安全漏洞。其次，高校还应该从源头上保证信息数据安全，积极建构校内网、局域网，服务器需要设定对应的访问权限及拷贝权限。最后，高校还应该加强网络队伍建设，不断提升、优化网络队伍的整体素养和综合素质。

第五章
高校教育管理实践探析

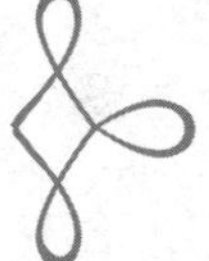

第一节　创新高校教育管理体制

一、高校教育管理体制需要在信息化下进行改革

管理系统包括三方面内容：隶属关系的确立、组织结构的建立和管理权限的划分。高校教育管理系统是指对高校教育管理的组织结构和权力归属进行划分，划分的时候既要注重培养目标的特殊性，又要体现教学水平，还要能遵循教育教学规律，这隶属于大学的管理体制。

时代的发展要求改变传统的教育管理体制，加大体制创新力度。新技术环境冲破了原有教育结构的刚性布局，信息传达形成了灵活多变的结构和扁平化的信息传递渠道。因此，对传统校园教育管理体制进行改革是有必要的。在改革过程中，信息技术提供了强有力的支持，为教育管理体制改革注入了新的活力，在学校管理组织体系中应用广泛。同时，信息社会的到来，让教育管理者开始面临极大的挑战，也提高了对他们综合素养水平的要求，需要他们与时俱进，不断适应新时代，抓住机遇、迎接挑战。

二、高校教育管理组织机构的新要求

我们可以从以下几个方面对组织的结构进行评价。第一，责任性。组织的每个成员都应该对组织负责。第二，适应性。组织要经常随时间的变化进行革新。第三，及时性。要及时完成工作，速度要快。第四，响应性。对组织外部环境需求要及时响应。第五，效率。组织成员要可靠地完成任务，还要有最低的出错率，并且要考虑到资源的经济性，简单地说就是又快又好。

三、高校教育管理权限的重新划分

在大数据环境下，管理组织机构趋于简化，但组织关系更为复杂，即因为缩减机构和管理人员的数量，导致机构之间、管理人员之间，以及机构和管理

人员之间的关系更为复杂。

高校教育管理涉及相关负责人、校长、主任及教职人员、教育管理人员、学生等。如何将教育管理权分配给这些人才能达到最优呢？传统的教育管理权主要归校长和负责教学工作的副校长所有，教学活动在教学部门的领导下开展，教师听从校长的安排，按照同一教学纲领对学生进行知识的传授，学生负责学习。也就是说，教育管理权掌握在学校的领导手中，教师和学生基本上没有这方面的权利。为了能够让教学活动变得既有效又有趣，应该将更多的权利和自由给予教师和学生。首先，教师和学生对涉及教学层面的重大决策和决议都有评价权、提案权和决策权，对这些权利应该设立具体的规章制度，进行保障。其次，对于教师，他们可以选择教学对象、研究项目，并且得出自己的结论；对于学生，在正确的方法指导学习的前提下，具有选择选修课程、相关专业、任课教师和学习内容的自由，并且能够形成自己的自由思想，参与教育管理评价。

第二节　改革并完善高校教育管理

一、引入先进的管理理念

只有在先进管理理念的指导下，教育管理才能富有成效，适应新时代的发展。在信息化时代，高校教育管理者除了要具备教育管理能力，还应具备先进的管理理念。

第一，主动适应性理念。主动适应性理念是指教育管理工作应主动适应社会发展的需要，随时随地捕捉信息社会对人才的需求，及时调整教育管理思路，顺应时代的潮流。主动适应性理念将成为高校教育管理的指导思想，强调适度分权，针对内部要素和外部环境的变化采用灵活的方法来应对。

第二，人本观念。学校管理的核心在于教学管理。人本观念首先体现在管理过程中将人的主体地位放在首要位置，促使教师和学生在工作和学习的过程中充分参与管理实践，以获得身心综合发展的能力、知识等。学生是学习的主体，教师是教学的主体，他们拥有积极创造的内在潜能，对于提高教育管理质量来说，意义重大。因此，学校在具体的管理中一定要注意激发师生的创造力，充分调动他们的主观能动性，以便有效提升教育质量。

第三，全面质量管理理念。全面质量管理理念源自公司管理思想。全面质量管理是指一个组织把质量当作核心，将全员共同参与作为根基，目的在于让顾客满意并且让组织中的全部成员得到社会收益而获得持续成功。高校教育管理实践中的全面质量管理包括以下几点。①全过程质量管理。要想把教育目标放在核心位置，科学、有序地实施教育教学活动，就要加强对教育教学环节质量的全方位把控，尤其是要保证不同环节的有效衔接，确定不同环节要达到的质量标准。②全方位质量管理。要想进行综合性管理，就要将影响或涉及教学质量的环节和因素都考虑到。比如，对后勤服务部门、管理部门等的工作质量进行管理，它们的工作会直接影响到教学质量和教学工作。③全员质量管理。学校的各个部门、每一位成员（包括全体教师和学生）都应该积极主动地参与质量管理，努力提高自己的工作质量、学习质量，共同努力以培养高素质的专门人才。

二、利用信息化手段调整教学计划

要深化教学改革，第一步要做的就是调整教学计划。只有好的教学计划，才能保证好的教学质量。制订好教学计划，是建立教学体系、安排教学任务、组织教学过程的基础。教学计划一般是在国家教育部门的指导下，考虑全局效益，由教育学家或相关人员制订的。教学计划符合教学规律，一段时间内稳定不变，但长远来看，也要及时进行调整和修正，适应社会经济的发展和科学技术的进步。

教育管理者还要改变传统的教学观念，及时修改和调整教学计划。原因有以下几点。一是当今科学技术和社会经济对人才的要求越来越高，要综合社会对人才的要求来制订教学计划。二是就人才的成长而言，大学只是学习的一个阶段，是终身学习的一个部分，并不是学习的终点。因此，在大学时期，学生不仅要注意加强专业知识的学习与积累，还要掌握学习方法，更要学会生存、学会共同生活、学会做事。除此之外，还要注意提升创新能力与创造力。三是从整个世界来看，中国已经加入 WTO，经济全球化的趋势发展迅猛，中国的人才要走向世界，参与全球竞争，中国教育也要注重对国际化人才的培养。

信息化时代要求教育工作者紧跟时代潮流，准确预测社会对人才要求的改变，培养符合国家要求的人才。要达到这一目标，我们应该加强对信息技术手段的合理化应用，科学地制订教育计划，并对其进行实时监控和及时反馈，制定教学方案的评价标准，使高校毕业生尽量满足社会的要求。

大数据环境下高校教学计划的制订应遵循以下几点。

第一，教学计划应该满足以下几点要求。①客观性。要尽量按社会主义市场经济的要求，设计多种人才培养模式，也要尽可能地考虑到未来环境的变化，设计多种智能结构。②灵活性。学生要找到适合自己发展潜力的学习模式，学校要尽可能提供不同种类的培养模式。例如，采用完全学分制。学校要充分、合理地应用信息技术，给学生提供充分的选择，也要针对不同学生的不同特点设计符合其个性的教学过程，将学生培养成具备以下素质的人才：整体素质高，基础扎实，专业能力强，注重知识的全面发展，能借助网络拓宽眼界、丰富知识面，拥有终身学习与可持续发展的能力。

第二，制订教学计划的一般程序：对人才培养目标和业务类示范专业进行分析，了解有关文件精神和规定；制定教学纲领，系（院）教学委员会进行审议，由学校教学工作委员会复审核查，核查签字后由执行校长签字确认。

第三，大学教学计划的内容主要包括两个方面：确立合理的专业培养目标，设置合适的课程。在专业设置和专业培训目标的确立上，主要应用调查的方法。学校要充分利用信息技术，借助网络收集信息，收集后可以借助计算机对信息进行统计分析，得出结果。同时，学校还应注意以下几个方面。一是要进行可靠的预测，对毕业生的就业情况有一定的把握，毕业生只有满足社会的要求，才能有较高的就业率。二是要引入更多的优秀教师、完备的实验仪器和必要的书籍，生活设施也应该尽量完善。三是要形成宽口径专业教育模式。目前的情况是教学信息越来越容易获取，学习知识也变得更加容易，但是要进行知识的重组和创新比较困难，所以要重点培养学生的综合素质。四是学校要有自身的特点，学科建设要结合学校的地域优势和传统优势学科。五是要考虑到专业的冷门和热门问题，并且及时调整，满足需求。

在信息时代下，高校要实施教育教学管理首先应相对稳定和严格地执行教学计划，为此可以制定以下两条准则。第一，将教学计划分为学期教学计划和年度教学计划，制定工作表，安排好每个学期的教学任务、教学教室等。第二，由相关部门制订教学组织计划，如社会实践计划、实习计划、实验教学计划、培训计划等。要有适当的政策、环境和保证教学的基础设施，还要有教育管理者和教师、学生相配合，这分别是教学计划顺利实施的内外部条件。

高校在实施教学计划时要把握五个方面。一是要切实维护教学计划的严肃

性和权威性，严格遵守教学计划，可以适当调整。二是在具体的实施过程中，遵照教学大纲的要求，严格教学计划材料。三是加强教师群体的力量，确保教学第一线教师的素质能适应教学计划。四是制定教学质量评价方案并严格监测执行，可以借助信息技术建立自动的监测和反馈系统。五是教学组织与管理要严格按照教学计划进行。

三、改革学生的培养方式与管理模式

信息时代要求人才具有更高的素质，改革学生的培养方式和管理模式是必要的，信息技术为这项改革提供了条件。大数据环境下改革学生的培养方式主要体现在以下三个方面。

一是在教学中采用“参与式”教学法。该教学法主要以提问式教学活动、开放性学习内容为特征，题目无标准答案，作业、论文也很少，甚至没有，给学生充足的时间自由思考。学生利用网络技术和计算机技术收集相关信息来解答问题，通过对问题的解答完成知识的学习与内化。在这样的学习实践活动中，学生不仅掌握了借助网络解答各种问题的能力，而且学会了与“问题”有关的知识。另外，要因材施教，针对学生自身的特点确立恰当的培育目标，设置严谨的学习规划，尽可能地让每一个人都能得到很好的发展。

二是努力培养学生的社会实践能力，加强实践教学。高校的教育与社会实践相结合是培养学生实践能力的重要方法，应大力倡导学生参与社会实践活动，充分发挥“社会—学校—教师—学生”多位一体的培养方式，真正培养社会需要的创新型、复合型全面发展的人才。

三是鼓励学生跨学科学习，培养全面型人才。当今社会，随着信息技术的发展，新的学科不断涌现，这些新学科大部分是由学科交叉形成的。建立交叉学科培养机制，鼓励学生跨学科学习。在基础学科较强的高校中，要打破不同专业教育壁垒，创建跨学科教学的培养机制。具体实现过程如下：以培养计划为基础，为学生选定必修课程，这些课程是跨学科的，包括文学、理学、工学等多个领域，以便对学生的综合分析能力进行有效锻炼，培育学生创新思维与创造力；要提供多种专业、多类课程、多个教师让学生选择，这样学生就能根据个人兴趣制定自己的培养目标，进行自主学习；应完善相关课程，抓住交叉学科的新增长点，组织多学科的力量开展教学，配备必要的教师，形成跨学科的教学模式，激发学生的创新意识，不断探究新领域，全面发展自己。

在学生培养模式改革的基础上，也要对学生的管理方式进行改革。目前，大多数高校实行学分制，这种管理模式，灵活性不够，约束力太强。在当今大数据环境下，对学生的管理应提倡注重学生个性化。高校学生管理系统要以学生为主导、以教师为辅助，建立学生服务中心。具体操作有以下几点：一是建立心理咨询、急救救援、工作研究、学习指导机制，建立相应的社区管理部门；二是以学生宿舍为基础，取消班级，8~15 名学生和教师形成一个整体；三是由研究生或高年级优秀学生协助管理，为学生提供指导。这种管理模式可以实现学生的自我教育、自我管理和自我服务，能够让学生的综合素质得到有效提升。

四、加强课程体系评估改革

在信息时代，知识变得越来越重要。高校课程体系评估改革要特别注意以下几点。一是课程体系的整合，对不同学科之间的课程研究越深入，整合程度越高；二是课程体系的完整性，课程越多，内容越丰富，体系越完整；三是课程体系的可持续发展，它是指随着科学技术的变化和发展，高校课程体系要及时进行自我调整和自我更新；四是课程体系的结构要平衡，课程体系的层次结构和内部关系要平衡，相互之间的配合度要高。

根据这些指标，在改革课程体系时，我们应该注意以下几点。首先，要注重更新教学内容。教学内容要具有思想性、科学性、前沿性和创新性。要及时更新课程内容，可以将最新的科学研究成果引入课程，激发学生的学习兴趣，以课堂教学和网络教学相结合的方式，积极开展网上教学。其次，要重视跨学科课程建设，重视理工科类和文学类学科的相互渗透，密切关注综合学科和交叉学科的创建。再次，要重视总结近年来课程体系改革与教学内容的成果和经验，并且从中吸收有用的成分，积极扩展教学内容，进行教学改革。另外，还应该增加课程的种类和数量。最后，要注重课程比例的合理设置。如今，高校基本实行学分制管理，学生的课程分为必修课和选修课，必修课和选修课必须有合理的比例。

五、教学评价体系科学化和规范化的建立

教育评价中教学评价是至关重要的，教学评价就是依据特定的教学目标在一定的教学系统里搜集信息、精确理解，经过科学、全面的分析，使评价客观有效，为教学质量的提升提供支持，也为改革提供一些凭据。教学评价对教学意义十分重要，它可以用于指导，也可以帮助决策，还能进行适当的反馈。依

据高校教学的特点，教学评价体系应当全面且多元化。

首先，要确定教学评价的对象和主体。一是确定教学评价的对象，按评价对象教学评价可分为三种：整体教学评价、专业教学评价和教学评价。二是确定教学评价主体，只有主体多样才能更全面而深入地进行评价，要有自评和他评，还要有学科专家、管理干部、领导和社会对教学进行评价。其次，要有不同的评价标准。对于学生而言，针对不同的情况要有不同的标准，如学校、专业和年龄等。

第三节 构建高素质教育管理团队

影响教育管理质量的因素有很多，包括人力、财力、物力、信息等。教育管理者是首要因素，因为人是主体，更是管理的第一位因素，无论是制定教学规划和纲要、安排学习内容、安排课程、预订教材等，还是学生的考试、毕业设计、实践等，都不能没有教育管理者的参与。要实现管理的效能，高素质的教育管理队伍是至关重要的。

一、大数据环境下对教育管理人员素质的要求

知识密集、高新技术、人才聚集、思维活跃、信息渠道畅通，这些都是高校的特点。随着信息技术的快速发展，教育管理人员的素质也有待提高。

教育管理人员应该做到以下几点。

第一，树立强烈的服务意识。管理的本质就是服务。教育管理人员不能把自己作为掌握权力的管理者，而应该作为一个服务者，服务学生、服务教师、服务教学，进而服务于崇高的教育事业。

第二，掌握教育理论和专业知识。首先，教育的相关科学及其规律是基础，必须掌握专业的知识，如教育学、教育心理学、管理学和大学教育学等，这样才能让科学教育和教育管理得以实现。高校的管理人员要具备充足的专业理论知识，同时要掌握高等教育改革的理论。其次，必须具备管理的相关专业知识。教育管理工作是对学校现在的一切资源进行有效而科学的管理，所以教育管理者必须学习相关专业知识，包括使用计算机进行管理的方法和档案管理的知识等。这样才能应对教育管理工作操作的复杂性。

第三，掌握现代信息技术，具有良好的信息素养。随着现代信息技术的飞快发展，教育管理者必须掌握不断更新的技术，才能不断提高管理效率。教育管理人员不仅要有极好的信息素养，还要会熟练地使用现代信息技术。例如，教育管理人员在教育管理中要会用已有信息检索相关知识并从网络获取需要的信息；要会使用教育管理软件；要掌握一定的英语知识，顺应网络技术与教育国际化的发展；要提高教学信息化管理的敏感性，从而提升管理的效率。

第四，具备较强的管理能力。首先，组织决策能力要强。当今社会，教育体制改革在不断加强，教育管理者只有具有较强的组织决策能力，才能根据学校自身优势制订教学计划，制定切实可行的政策、措施。其次，教育科研能力要强。查找资料，深入研究，准确把握国内外各大高校，特别是精英院校的教学情况，以及国际高校教育改革的趋势。再次，要处于教育、教学第一线。参与课堂教学，经常了解教学情况，对高校教学进行调查和研究，掌握整个学校的发展趋势，做好教育教学管理。最后，要勇于创新，敢于改革，培养良好的集体合作能力。

二、进一步提高教育管理团队的全面素质

首先，要对教育管理团队进行培训，以提高其综合素质。培训教学管理人员要做好以下几项工作。一是进行岗前培训。可以邀请有资质的教师和专门的人员进行培训。教育管理人员应当深化对相关知识的掌握，如心理学及管理科学教育等，还应提高自身的信息素质，特别是计算机和网络技术，有效使用校园网、互联网办公和学习。二是进行在职培训。应采取灵活的培训模式，理论联系实际，通过网络学习和教育管理实践提高教育管理人员的综合素质。三是应不断学习。要有意识地提高学习意识和能力，掌握一线教学的情况。

其次，必须优化教育管理团队的结构。优化教育管理团队的结构必须做到以下几点。一是优化教育管理人员的年龄结构，让不同年龄的人发挥各自的优势，并且进行经验的互补，形成良好的整体效果。二是优化教育管理人员的学科和职称结构。就教育管理而言，各学科是相辅相成的。对于相应的职称和学历方面要求是不同的，他们的职称和学历要满足梯次结构的要求，决策、管理和具体的事务性工作分工不同，这样各司其职，形成互补。另外，要注意教育管理团队的人格互补，适当组合不同个性特点的人有利于形成良性合作。

最后，要建立竞争和激励机制来引导、教育管理人员，从而提高其积极性。责任、制度和奖惩是岗位责任制的三个主要方面。在管理中，责任制是管

理制度的核心，不同岗位要承担不同的责任，因此对不同员工有不同的要求，要组成一个合适的团队就要对不同的人进行不同岗位和要求的选择。另外，必须严格地对员工进行考核，对员工的技能和态度有所把握和了解，要定期考核、及时鼓励、合理奖励、全面推广，对于工作态度差、能力低的，最终不再聘用。这样才能有利于竞争并使管理人员取得进步。通过考核，能找到每一位管理人员的个性和特长，便于大家把自己的特长较好地发挥出来。同时，要有详细的制度和标准，如薪酬制度、绩效评分制度等，还要落实到每个管理人员，使其在一定的压力下力求上进。另外，在奖励时也要特别注重以下几点。一是物质和精神两方面的奖励都不能忽视。二是奖励时要按不同的级别进行区分奖励，不同职位对应不同的管理能力与不同的奖励标准。三是应用多元化与动态化的奖惩。为了使奖励制度具有激励管理人员的力量，在他们各个成长阶段都要用不同的手段给予激励。

第四节 教育管理与大数据密切连接

一、完善教育管理制度

教育管理制度根据国家教育法律、法规等，由上级领导部门决策并制定条例与规则，作为教育的一个重要手段，维护正常的教学秩序，是一个国家的教育政策和制度的组成部分。

高校的教育管理制度主要有四个部分：关于教育材料的管理，如教学计划、课程安排和总结等；关于学校学业进程的管理，如考试、教课进度、资料档案管理和课程的调换等；关于教师和教育管理人员的惩罚和奖励；关于学生的管理。

为了提高教学质量，不仅要有教育管理制度，还应立足于各校实际，设立符合其校情的其他制度。第一，应多开教学工作讨论会，要确立详细的会议制度，按期举办研讨会并进行会议指导，使教学制度化。第二，管理要制度化和规范化。第三，应合理安排考试，重视管理考试程序并使其制度化。第四，建立和完善毕业生就业质量评价体系，不仅要分析、评价结业论文，还要对毕业生就业后的表现予以关注。第五，应找专门人员对教学管理进行定期、合理的监督。第六，应研究、革新教学工程体系。第七，职业教育的评价要标准化。第八，应定期考查教学成果，如英语四、六级和全国计算机考试的合格情况，以及职称结构和教师资格等。

二、校园网推动教育管理的作用要发挥好

环境是基础，教育管理的基础就是校园网络平台的建设，如今的教学离不开这个信息平台。一是要特别注重校园网的作用，尤其要考虑其整体的发展，合理进行规划。二是要统筹设计，充分考虑并实行网络的开拓、软件开发和校园网建设。在施工中必须非常理性，做好网络接口，分阶段建设，使效益最大化。三是软硬件要结合起来，共同建设。由于设计软件耗时长，在进行网络改进时耗费时间会更多。教育管理的信息系统是由多方面组成的，可以独自设计，也可以购买现有系统加以使用，要尤为关注的是软件必须要合适并可以共用。四要是加强深造、培训。校园网影响全校教育管理人员、教师和学生的校园网络生活。学校应重视对教师实施优化管理及专业化的教育培训，合理制定有效规划，使学生和管理人员都能够充分应用校园网满足各自差异化的需求，产生对校园网的认同感。五是要加强对校园网的使用。建设校园网的最终目的是创造效益，只有加强对校园网的应用程度，加强对校园网的完善力度才能够真正发挥和增强其价值。

参考文献

[1] 曹显明 . 创新高校学生思想政治教育工作略议 [J]. 学校党建与思想教育，2013（21）:54–55.

[2] 陈阿娣 . 新媒体时代高校学生党员教育管理工作探析 [J]. 科学咨询（科技 · 管理），2021（06）:48–49.

[3] 陈安花，刘正安 . 高校学生思政的柔性管控对策分析 [J]. 长江丛刊，2020（36）:152–153.

[4] 代静 . 高等教育管理与教学研究 [M]. 西安：西安交通大学出版社，2017.

[5] 代新杰 . 新时期高校党团建设工作初探 [J]. 读与写（教育教学刊），2019，16（07）:28.

[6] 郭和才 . 新常态下大学生道德责任感培育机制研究 [J]. 黑龙江教育学院学报，2017，36（12）:91–93.

[7] 郭静静，王菲菲，蔡亚会，陈晓雪 . 网络环境下高校学生教育管理工作创新研究 [J]. 黑龙江科学，2020，11（21）:110–111.

[8] 郭宁 . 探索学生教育管理与高校思想政治教育的融合 [J]. 财富时代，2020（08）:224–225.

[9] 郭新 . 信息化背景下高校教育教学管理的创新发展 [J]. 产业与科技论坛，2020，19（16）:249–250.

[10] 何瑞，郭鹏 . 高校思想政治辅导员工作初探 [J]. 魅力中国，2009（28）:256–257.

[11] 黄洁 . 当前高校学生党员教育管理的思考 [J]. 中外企业文化，2021（06）:119–120.

[12] 贾朝辉 . 浅谈高校现代化教学管理中的大数据 [J]. 科学咨询（科技 · 管理），2021（08）:29–30.

[13] 贾永旺 . 新媒体时代高校党团建设工作的思考与分析 [J]. 数码世界，2020（05）:208.

[14] 孔丽华 . 新形势下高校教育管理的现状与机制创新 [J]. 科学咨询（科技 · 管理），2021（03）:44–45.

[15] 李华 . 大力加强高校学生的团结、纪律、责任感的教育 [J]. 自贡师范高等专科学校学报，2003（02）:46–48.

[16] 李杰 . 创新教育理念下高校教育管理探究 [J]. 试题与研究，2020（23）:121.

[17] 李艳芳，韩燕 . 新时期高等教育管理路径及实践策略研究 [M]. 长春：东北师范大

学出版社，2018.

[18] 李玥 . 大数据背景下的大学教育管理模式探析 [J]. 科技视界，2021（20）:37–38.

[19] 梁爱文 . 多维视域下的高校思想政治教育探究 [M]. 北京：新华出版社， 2014.

[20] 梁栋 . 高等教育管理信息化建设研究 [J]. 科技风，2021（22）:82–84.

[21] 梁迎春，赵爱杰 . 高等教育管理与质量评价研究 [M]. 西安：西安交通大学出版社，2017.

[22] 林艳 . 当前形势下高校教育管理的现状与创新机制研究 [J]. 山西青年，2020（12）:200–201.

[23] 刘济瑞 . 新时代高校教育管理中存在的问题与改革对策研究 [J]. 文化创新比较研究，2021，5（16）:62–65.

[24] 刘倩婧 . 新形势下高校学生教育管理模式探索 [J]. 办公室业务，2020（17）:61–63.

[25] 刘向 . 基于传统文化视野的高校学生管理工作策略研究 [J]. 广西大学学报（哲学社会科学版），2009，31（06）:149–152.

[26] 刘小敏 . 教育信息化提升高校教育管理模式的路径 [J]. 教育信息化论坛，2021（04）:38–39.

[27] 刘雪利 . 互联网背景下高校管理工作要点探讨 [J]. 教育教学论坛，2020（45）:17–18.

[28] 刘源源 . 高校学生思政教育与学生工作的融合发展路径研究 [J]. 公关世界，2020（22）:58–59.

[29] 刘振海，谢德胜 . 终身教育视域下我国高等教育管理体制研究 [M]. 沈阳：辽宁教育出版社，2018.

[30] 刘子金 . 对高校学生实施科学管理的几点思考 [J]. 学校党建与思想教育，2009（11）:72–73.

[31] 吕东峰，王昆，杨宇鑫 . 关于高校党团建设中大学生志愿服务的积极作用分析 [J]. 南国博览，2019（09）:102.

[32] 马明达 . 高校学生教育管理与思想政治教育的融合路径分析 [J]. 湖北开放职业学院学报，2021，34（12）:79–80.

[33] 马悦 . 大数据环境下高校教育管理信息化发展研究 [J]. 网络安全技术与应用，2021（08）:92–93.

[34] 潘玉芹 . 高校学生党团建设工作与就业工作互助的新模式探究 [J]. 就业与保障，2020（05）:68–69.

[35] 史田莹 . 新时期独立学院形势任务教学模式的创新研究 [J]. 内江科技，2016，37（03）:146–147.

[36] 孙超，刘丽 . 信息时代高校教育管理模式创新研究 [J]. 科技创新导报，2020，17（17）:175+177.

[37] 孙远乾 . 学生教育管理与高校思想政治教育融合路径 [J]. 财富时代，2021（02）:82–83.

[38] 唐亭婷 . 大数据时代高校学生教育管理工作个性化研究 [J]. 高教学刊，2021（07）:152–155.

[39] 王宝堂 . 当代高等教育管理与实践路径研究 [M]. 青岛：中国海洋大学出版社，2018.

[40] 王菲菲，蔡亚会，陈晓雪，郭静静 . 大数据时代高校学生教育管理工作的创新路径 [J]. 黑龙江科学，2020，11（21）:88–89.

[41] 王瑾，杨文博 . 新形势下高校大学生党建带团建工作模式的研究 [J]. 科教导刊（下旬），2019（27）:73–74.

[42] 王俊 . 提升高校学生党支部建设质量的实践路径 [J]. 科教文汇（下旬刊），2019（11）:28–29+38.

[43] 王琳玲 . 论新时代高校党建带团建 [J]. 浙江海洋大学学报（人文科学版），2021，38（02）:75–79.

[44] 王晓雷 . 信息时代高校教育管理创新研究 [J]. 中学政治教学参考，2021（27）:100–101.

[45] 王晓雯 . 高校学生责任感教育之我见 [J]. 江苏广播电视大学学报，2006（06）:88–89.

[46] 肖贞祥 . 对高校教育管理实行激励机制的思考 [J]. 新课程研究，2021（17）:125–126.

[47] 肖贞祥 . 高校教育管理流程再造与优化方法的思考 [J]. 科教导刊，2021（17）:34–36.

[48] 徐燕茹 . 大数据在教育管理中的影响与优化 [J]. 集成电路应用，2021，38（08）:272–273.

[49] 杨吉棣，王丽清 . 当代大学生思想政治教育理论与实践研究 [M]. 北京：中国文史

出版社，2015.

[50] 姚莉欢 . 新时期传统文化视域下高校教育管理载体的构建分析 [J]. 吉林农业科技学院学报，2020，29（04）:62-64+74.

[51] 张贺祥，王秀林 . 育人为本，德育为先：高校学生思想政治教育的战略地位研究 [J]. 法制与社会，2010（25）:236.

[52] 张凯瑞 . 微时代下高校大学生教育管理模式的挑战研究 [J]. 中外企业文化，2020（10）:37-38.

[53] 张坤 . 新时期高校学生思政教育管理新模式探究 [J]. 才智，2020（25）:181-182.

[54] 张璐阳 . 人文关怀在高校学生教育管理中的渗透刍议 [J]. 黄河 · 黄土 · 黄种人，2021（15）:59-60.

[55] 张文锍，陈海香，陈华 . 浅谈高校思想政治工作者与德育工作者的新形势新任务 [J]. 成功（教育），2008（01）:19-20.

[56] 张雪媛 . 高校学生网络道德责任缺失的原因分析 [J]. 现代交际，2016（22）:164-165.

[57] 周婷 . 大数据技术在高校学生教育管理工作中的应用 [J]. 长江丛刊，2021（08）:60-61.